FUNDUS 180

Karl Philipp Moritz

Die Signatur des Schönen
und andere Schriften zur Begründung
der Autonomieästhetik

Herausgegeben von Stefan Ripplinger

Philo Fine Arts

Bibliografische Information der Deutschen Nationalbibliothek

Die Deutsche Nationalbibliothek verzeichnet diese
Publikation in der Deutschen Nationalbibliografie;
detaillierte bibliografische Daten sind im Internet über
http://dnb.d-nb.de abrufbar.

© Philo Fine Arts, Hamburg 2009
Einbandgestaltung: Bureau Spector, Leipzig
Satz: claire Lenkova, Hamburg
Druck und Bindung: Westermann Druck Zwickau GmbH
Alle Rechte, insbesondere das Recht der Übersetzung,
Vervielfältigung (auch fotomechanisch), der elektro-
nischen Speicherung auf einem Datenträger oder in
einer Datenbank, der körperlichen und unkörperlichen
Wiedergabe (auch am Bildschirm, auch auf dem Weg
der Datenübertragung) vorbehalten.
Printed in Germany

ISBN 978-3-86572-579-0
(Fundus-Bücher; 180)

Informationen zu unserem Verlagsprogramm finden Sie
im Internet unter www.philo-fine-arts.de

Inhalt

Versuch einer Vereinigung aller schönen Künste 7
und Wissenschaften unter dem Begriff des *in sich
selbst Vollendeten*

Das Edelste in der Natur 17

Über die bildende Nachahmung des Schönen 27

Die Signatur des Schönen 69

Die metaphysische Schönheitslinie 83

Textnachweise 93

Bibliografie 94

Nachwort 127

Versuch einer Vereinigung aller schönen Künste und Wissenschaften unter dem Begriff des *in sich selbst Vollendeten*. An Herrn Moses Mendelssohn

Man hat den Grundsatz von der *Nachahmung* der Natur, als den Hauptendzwek der schönen Künste und Wissenschaften verworfen, und ihn dem Zwek des *Vergnügens* untergeordnet, den man dafür zu dem ersten Grundgesetze der schönen Künste gemacht hat. Diese Künste, sagt man, haben eigentlich bloß das Vergnügen, so wie die mechanischen den Nutzen, zur Absicht. – Nun aber finden wir sowohl Vergnügen am Schönen, als am Nützlichen: wie unterscheidet sich also das erstre vom letztern?

Bei dem bloß Nützlichen finde ich nicht sowohl an dem Gegenstande selbst, als vielmehr an der Vorstellung von der Bequemlichkeit oder Behaglichkeit, die mir oder einem andern durch den Gebrauch desselben zuwachsen wird, Vergnügen. Ich mache mich gleichsam zum Mittelpunkte, worauf ich alle Theile des Gegenstandes beziehe, d.h. ich betrachte denselben bloß als Mittel, wovon ich selbst, in so fern meine Vollkommenheit dadurch befördert wird, der Zwek bin. Der bloß nützliche Gegenstand ist also in sich nichts Ganzes oder Vollendetes, sondern wird es erst, indem er in mir seinen Zwek erreicht, oder in mir vollendet wird. – Bei der Betrachtung des Schönen aber wälze ich den Zwek aus mir in den Gegenstand selbst zurück: ich betrachte ihn, als etwas, nicht in mir, sondern *in sich selbst Vollendetes*, das also in sich ein Ganzes ausmacht, und mir um *sein selbst willen* Vergnügen gewährt; indem ich dem schönen Gegenstande nicht sowohl eine Beziehung auf mich, als mir vielmehr eine Beziehung auf ihn gebe. Da mir nun das Schöne mehr um sein selbst willen, das Nützliche aber bloß um meinetwillen, lieb ist; so gewähret mir das Schöne ein höheres und uneigennützigeres Vergnügen, als das bloß Nützliche. Das Vergnügen an dem bloß Nützlichen ist gröber und gemeiner, das Vergnügen an dem Schönen feiner und seltner.

Da das Nützliche seinen Zwek nicht in sich, sondern *außer* sich in etwas anderm hat, dessen Vollkommenheit dadurch vermehrt werden soll; so muß derjenige, welcher etwas Nützliches hervorbringen will, diesen *äußern* Zwek bei seinem Werke beständig vor Augen haben. Und wenn das Werk nur seinen äußern Zwek erreicht, so mag es übrigens in sich beschaffen sein, wie es wolle; dies kömmt, in so fern es bloß nützlich ist, gar nicht in Betracht. Wenn eine Uhr nur richtig ihre Stunden zeigt, und ein Messer nur gut schneidet; so bekümmre ich mich, in Ansehung des eigentlichen Nutzens, weder um die Kostbarkeit des Gehäuses an der Uhr, noch des Griffes an dem Messer: auch achte ich nicht darauf, ob mir selbst das Werk in der Uhr, oder die Klinge an dem Messer, gut ins Auge fällt oder nicht. Die Uhr und das Messer haben ihren Zwek außer sich, in demjenigen, welcher sich derselben zu seiner Bequemlichkeit bedienet; sie sind daher nichts in sich Vollendetes, und haben an und für sich, ohne die mögliche oder wirkliche Erreichung ihres äußern Zweks, keinen eigenthümlichen Werth. Mit diesem ihren äußern Zwek zusammengenommen als ein Ganzes betrachtet, machen sie mir erst Vergnügen; von diesem Zwek abgeschnitten, lassen sie mich völlig gleichgültig. Ich betrachte die Uhr und das Messer nur mit Vergnügen, in so ferne ich sie brauchen kann, und brauche sie nicht, damit ich sie betrachten kann.

Bei dem Schönen ist es umgekehrt. Dieses hat seinen Zwek nicht außer sich, und ist nicht wegen der Vollkommenheit von etwas anderm, sondern wegen seiner eignen innern Vollkommenheit da. Man betrachtet es nicht, in so fern man es brauchen kann, sondern man braucht es nur, in so fern man es betrachten kann. Wir bedürfen des Schönen nicht so sehr, um dadurch ergötzt zu werden, als das Schöne unser bedarf, um erkannt zu werden. Wir können sehr gut ohne die Betrachtung schöner Kunstwerke bestehen, diese aber können, als solche, nicht wohl ohne unsre Betrachtung bestehen. Jemehr wir sie also entbehren können, desto mehr betrachten wir sie um ihrer selbst willen, um ihnen durch unsre Betrachtung gleichsam erst ihr wahres volles Dasein zu geben. Denn durch unsre zunehmende Anerkennung des Schönen in einem schönen Kunstwerke, vergrößern wir gleichsam seine Schönheit selber, und legen immer mehr Werth hinein. Daher das ungeduldige Verlangen, daß alles dem Schönen huldigen soll, welches wir einmal dafür erkannt haben: je allgemeiner es als schön erkannt und bewundert wird, desto mehr Werth erhält es auch in unsern Augen. Daher das Mißvergnügen bei einem leeren Schauspielhause, wenn auch die Vorstellung noch so vortreflich ist. Empfänden wir das Vergnügen an dem Schönen mehr um unsert- als um sein selbst willen, was würde uns daran liegen, ob es von irgend jemand außer uns erkannt würde? Wir verwenden, wir beeifern uns für das

Schöne, um ihm Bewundrer zu verschaffen, wir mögen es antreffen, wo wir wollen: ja wir empfinden sogar eine Art von Mitleid beim Anblik eines schönen Kunstwerks, das in den Staub darniedergetreten, von den Vorübergehenden mit gleichgültigem Blik betrachtet wird. – Auch das süße Staunen, das *angenehme Vergessen unsrer selbst* bei Betrachtung eines schönen Kunstwerks, ist ein Beweis, daß unser Vergnügen hier etwas untergeordnetes ist, das wir freiwillig erst durch das Schöne bestimmt werden lassen, welchem wir eine Zeitlang eine Art von Obergewalt über alle unsre Empfindungen einräumen. Während das Schöne unsre Betrachtung ganz auf sich zieht, zieht es sie eine Weile von uns selber ab, und macht, daß wir uns in dem schönen Gegenstande zu verlieren scheinen; und eben dies Verlieren, dies Vergessen unsrer selbst, ist der höchste Grad des reinen und uneigennützigen Vergnügens, welches uns das Schöne gewährt. Wir opfern in dem Augenblik unser individuelles eingeschränktes Dasein einer Art von höherem Dasein auf. Das Vergnügen am Schönen muß sich daher immer mehr der uneigennützigen *Liebe* nähern, wenn es ächt sein soll. Jede specielle Beziehung auf mich in einem schönen Kunstwerke giebt dem Vergnügen, das ich daran empfinde, einen Zusatz, der für einen andern verlohren geht; das Schöne in dem Kunstwerke ist für mich nicht eher rein und unvermischt, bis ich die specielle Beziehung auf mich ganz davon hinwegdenke, und es als etwas betrachte, das bloß um sein selbst willen hervorgebracht ist, damit es etwas in sich Vollendetes sei. – So wie nun aber die Liebe, und das Wohlwollen dem edeln Menschenfreunde gewissermaßen zum Bedürfniß werden können, ohne daß er deswegen eigennützig werde; so kann auch dem Mann von Geschmak das Vergnügen am Schönen, durch die Gewöhnung dazu, zum Bedürfniß werden, ohne deswegen seine ursprüngliche Reinheit zu verlieren. Wir bedürfen des Schönen bloß, weil wir Gelegenheit zu haben wünschen, ihm durch Anerkennung seiner Schönheit zu huldigen.

Ein Ding kann also nicht deswegen schön sein, weil es uns Vergnügen macht, sonst müßte auch alles Nützliche schön sein; sondern was uns Vergnügen macht, ohne eigentlich zu nützen, nennen wir schön. Nun kann aber das Unnütze oder Unzwekmäßige unmöglich einem vernünftigen Wesen Vergnügen machen. Wo also bei einem Gegenstande ein äußerer Nutzen oder Zwek fehlt, da muß dieser in dem Gegenstande selbst gesucht werden, sobald derselbe mir Vergnügen erwekken soll; oder: ich *muß in den einzelnen Theilen desselben so viel Zwekmäßigkeit finden, daß ich vergesse zu fragen, wozu nun eigentlich das Ganze soll?* Das heißt mit andern Worten: ich muß an einem schönen Gegenstande nur um sein selbst willen Vergnügen finden; zu dem Ende muß der Mangel der äußern Zwekmäßigkeit durch seine innere Zwekmäßigkeit ersetzt seyn; der Gegenstand muß etwas in sich selbst Vollendetes sein.

Ist nun die innere Zwekmäßigkeit in einem schönen Kunstwerke nicht groß genug, um mich die äußere darüber vergessen zu lassen; so frage ich natürlicher Weise: wozu das Ganze? Antwortet mir der Künstler: um dir Vergnügen zu machen; so frage ich ihn weiter: was hast du für einen Grund, mir durch dein Kunstwerk eher Vergnügen als Mißvergnügen zu erwekken? Ist dir an meinem Vergnügen so viel gelegen, daß du dein Werk mit Bewußtsein unvollkommner machen würdest, als es ist, damit es nur nach meinem vielleicht verdorbnem Geschmak wäre; oder ist dir nicht vielmehr an deinem Werke so viel gelegen, daß du mein Vergnügen zu demselben hinaufzustimmen suchen wirst, damit seine Schönheiten von mir empfunden werden? Ist das letztere, so sehe ich nicht ab, wie mein zufälliges Vergnügen der Zwek von deinem Werke sein konnte, da dasselbe durch dein Werk selbst erst in mir erwekt und bestimmt werden mußte. Nur in so fern du weißt, daß ich mich gewöhnt habe, an dem, was wirklich in sich vollkommen ist, Vergnügen zu empfinden, ist dir mein Vergnügen lieb; dies würde aber nicht so sehr bei dir in Betracht kommen, wenn es dir bloß um mein Vergnügen, und nicht vielmehr darum zu thun wäre, daß die Vollkommenheit deines Werks durch den Antheil, den ich daran nehme, bestätiget werden soll. Wenn das Vergnügen nicht ein *so sehr untergeordneter Zwek*, oder vielmehr nur eine natürliche Folge bei den Werken der schönen Künste wäre; warum würde der ächte Künstler es denn nicht auf so viele als möglich zu verbreiten suchen, statt daß er oft die angenehmen Empfindungen von vielen Tausenden, die für seine Schönheiten keinen Sinn haben, der Vollkommenheit seines Werks aufopfert? – Sagt der Künstler: aber wenn mein Werk gefällt, oder Vergnügen erwekt, so habe ich doch meinen Zwek erreicht; so antworte ich: *umgekehrt!* weil du deinen Zwek erreicht hast, so gefällt dein Werk, oder daß dein Werk gefällt, *kann vielleicht ein Zeichen sein*, daß du deinen Zwek in dem Werke selbst erreicht hast. War aber der eigentliche Zwek bei deinem Werke mehr das Vergnügen, das du dadurch bewürken wolltest, als die Vollkommenheit des Werkes in sich selber; so wird mir eben dadurch der Beifall schon sehr verdächtig, den dein Werk bei diesem oder jenem erhalten hat.

»Aber ich strebe nur den Edelsten zu gefallen.« – Wohl! aber dies ist nicht dein letzter Zwek; denn ich darf noch fragen: warum strebst du gerade den Edelsten zu gefallen? Doch wohl, weil diese sich gewöhnt haben, an dem Vollkommensten das größte Vergnügen zu empfinden? Du beziehst ihr Vergnügen auf dein Werk zurück, dessen Vollkommenheit du dadurch willst bestätigt sehen. Muntre dich immer durch den Gedanken an den Beifall der Edeln zu deinem Werke auf; aber mache ihn selber nicht zu deinem letzten und höchsten Ziele, sonst wirst du ihn am ersten verfehlen. Auch der schönste Beifall will nicht erjagt, sondern nur auf dem Wege mitgenommen sein. Die Vollkommenheit deines Werks fülle während der Arbeit deine ganze Seele, und stelle selbst den süßesten Gedanken des Ruhms in Schatten, daß dieser nur zuweilen hervortrete, dich aufs neue zu beleben, wenn dein Geist anfängt, laß zu werden; dann wirst du ungesucht erhalten, wornach Tausende sich vergeblich bemühen. Ist aber die Vorstellung des Beifalls dein Hauptgedanke, und ist dir dein Werk nur in so fern werth, als es dir Ruhm verschaft; so thu Verzicht auf den Beifall der Edlen. Du arbeitest nach einer eigennützigen Richtung: der Brennpunkt des Werks wird außer dem Werke fallen, du bringst es nicht um sein selbst willen, und also auch nichts Ganzes, in sich Vollendetes hervor. Du wirst falschen Schimmer suchen, der vielleicht eine Zeitlang das Auge des Pöbels blendet, aber vor dem Blik des Weisen wie Nebel verschwindet.

Der wahre Künstler wird die höchste innere Zwekmäßigkeit oder Vollkommenheit in sein Werk zu bringen suchen; und wenn es dann Beifall findet, wird's ihn freuen, aber seinen eigentlichen Zwek hat er schon mit der Vollendung des Werks erreicht. So wie der wahre Weise die höchste mit dem Lauf der Dinge harmonische Zwekmäßigkeit in alle seine Handlungen zu bringen sucht; und die reinste Glükseligkeit, oder den fortdaurenden Zustand angenehmer Empfindungen, als eine sichre Folge davon, aber nicht als das Ziel derselben betrachtet. Denn auch die reinste Glükseligkeit will nur auf dem Wege zur Vollkommenheit *mitgenommen*, und nicht erjagt sein. Die Glükseligkeitslinie läuft mit der Vollkommenheitslinie nur parallel; sobald jene zum Ziele gemacht wird, muß die Vollkommenheitslinie lauter schiefe Richtungen bekommen. Die einzelnen Handlungen, in so fern sie bloß zu einem Zustande angenehmer Empfindungen abzwekken, bekommen zwar eine anscheinende Zwekmäßigkeit; aber sie machen zusammen kein übereinstimmendes harmonisches Ganze aus. Eben so ist es auch in den schönen Künsten, wenn der Begriff der Vollkommenheit oder des in sich selbst Vollendeten dem Begriff vom Vergnügen untergeordnet wird.

»Also ist das Vergnügen gar nicht Zwek«? – Ich antworte: was ist Vergnügen anders, oder woraus entsteht es anders, als aus dem Anschauen der Zwekmäßigkeit? Gäbe es nun etwas, wovon das Vergnügen selbst allein der Zwek wäre; so könnte ich die Zwekmäßigkeit jenes Dinges bloß aus dem Vergnügen beurtheilen, welches mir daraus erwächst. Mein Vergnügen selbst aber muß ja erst aus dieser Beurtheilung entstehen; es müßte also da sein, ehe es da wäre. Auch muß ja der Zwek immer etwas Einfacheres als die Mittel sein, welche zu demselben abzwekken: nun ist aber das Vergnügen an einem schönen Kunstwerke eben so zusammengesetzt, als das Kunstwerk selber, wie kann ich es denn als etwas Einfacheres betrachten, worauf die einzelnen Theile des Kunstwerks abzwekken sollen? Eben so wenig wie die Darstellung eines Gemäldes in einem Spiegel der Zwek seiner Zusammensetzung sein kann; denn diese wird allemal von selbst erfolgen, ohne daß ich bei der Arbeit die mindeste Rüksicht darauf zu nehmen brauche. Stellt nun ein angelaufner Spiegel mein Kunstwerk desto unvollkommner dar, je vollkommner es ist; so werde ich es doch wohl nicht deswegen unvollkommner machen, damit weniger Schönheiten in dem angelaufenen Spiegel verlohren gehen? –

Das Edelste in der Natur

Was giebt es Edleres und Schöneres in der ganzen Natur, als den Geist des Menschen, auf dessen Vervollkommnung alles übrige unablässig hinarbeitet, und in welchem sich die Natur gleichsam selbst zu übertreffen strebt.

Denn die Natur, welche den menschlichen Geist gebildet hat, gnügt ihm zulezt nicht mehr – er ruft in der Schöpfung, die ihn umgiebt, eine neue Schöpfung hervor. – Die Bäume die ihm Schatten gaben, müssen sich nun, ihres Schmucks beraubt, und in Bretter und Balken verwandelt, zu künstlichen Wohnungen für ihn zusammenfügen; sie müssen sich zu seinem Sitze krümmen oder ihre glatte Fläche vor ihm erheben, um die Speisen seinem Munde, und die Arbeit seinen Händen und seinem Auge näher zu bringen.

Mitten im Schooße der Natur steigt zwischen Bergen, Thälern und Flüssen, plözlich eine Stadt empor mit Pallästen, Statüen, Gemählden, Tempeln, Schauspielen, Musik und Tanz –

Durch wen entstand dieß große Zauberwerk? –

Die gütige Natur schuf und bildete den menschlichen Geist, und brachte das mittelbar durch ihn hervor, was sie selbst unmittelbar nicht würde hervorgebracht haben. –

Sie ließ es sich wohl gefallen, daß der Mensch ihre Wälder zu Städten und Dörfern, ihre Felsenbrüche zu Pallästen und Thürmen umschuf – Denn das Größte, was er unternehmen konnte, brachte noch keine Änderung in ihrem großen Plane hervor. – Warum sollte sie ihm nicht vergönnen, in ihrem unermeßlichen Pallaste sein Nest zu bauen? –

Der schöpferische Geist des Menschen ahmt die große Natur im Kleinen nach; bestrebt sich, durch die Kunst ihre Schönheiten im verjüngten Maßstabe darzustellen, und wähnt wohl gar, sie zu übertreffen und zu verschönern – aber die Natur sieht lächelnd seinem Spiele zu, und läßt ihn eine Weile seine kleine Schöpfung anstaunen – dann verschwemmt sie, was er schuf, in dem Strome der Zeiten, und läßt wieder neue Werke der Kunst unter fremden Himmelsstrichen emporsteigen, um sie auch dereinst wieder in Vergessenheit zu begraben – Sie aber ist sich immer gleich und jugendlich – ihr sanfter Hauch erquickt mit jedem Frühling die Erde, ihr belebender Strahl weckt mit jedem Morgen die schlummernde Welt zu neuer Thätigkeit.

In ihrem mütterlichen Schooße erzieht sie ein Menschengeschlecht nach dem andern, und bildet unzählige Geister zu höherer Vollkommenheit, deren sterbliche Hülle sie dann wieder mit dem Staube mischt, aus dem sie unaufhörlich Wachsthum und neues Leben hervorruft.

Sollte nun die sonst so sparsame Natur mit so vielem Aufwande den menschlichen Geist gebildet haben, um Statüen, Tempel und Gemählde, die sie nicht unmittelbar schuf, durch ihn hervorzubringen? oder schuf sie nicht vielmehr nur deswegen Statüen, Tempel und Gemählde durch den menschlichen Geist, weil sie ihn selbst eben durch diese Ausübung seiner schaffenden Kraft vollkommner machen wollte? –

Sollte alle das Gewirre in der bürgerlichen Welt keinen Zweck haben, als sich selbst – wer könnte dann diesen Knoten lösen?

Arbeitet die Natur nicht unaufhörlich auf Veredlung und Verfeinerung des gröbern Stoffes hin? – Ist Gold nicht edler als Silber, und der Geist nicht edler als Gold? –

Kann die Natur etwas Erhabeneres hervorbringen, als einen Menschen, der sagen kann:

> Schön ist Mutter Natur, deiner Erfindung Pracht,
> Aber schöner ein froh Gesicht,
> Das den großen Gedanken deiner Schöpfung noch
>   einmal denkt!

Ist es nicht die Krone ihres Werks, von einem Wesen, das sie schuf und bildete, so angeredet – so gedacht zu werden?

Wer kann sie fassen, wer kann sie lieben, als der Geist des Menschen?

O hier ist eine Goldgrube, reicher als alle Berge von Peru. – Hier bildet sich das edelste Metall, von ächtem innerem Gehalte, wogegen der Glanz des feinsten Goldes schwindet.

Ob nun gleich der Mensch so oft seinen Werth verkennt, und über die Befriedigung seiner körperlichen Bedürfnisse, unter Arbeit und Sorgen, sein geistiges Wesen ganz vergißt, so leitet ihn dennoch die gütige Natur durch alle das Gewirre der Geschäfte und die Krümmungen des Lebens, unvermerkt dem großen Endzweck näher, wozu sie ihn schuf. –

Jeder Stand, jede Beschäftigung im Leben giebt unvermerkt dem Geiste Nahrung, indem durch tausend zufällige Veranlassungen die Denkkraft der Seele geübt wird, Schlüsse, Entwürfe und Pläne zu machen, ihre

Ideen zu ordnen, ein Ganzes zu übersehen, und sich die Dinge in der Welt aus dem rechten Gesichtspunkte vorzustellen.

Ohne selbst daran zu denken, übt der Mensch stündlich und augenblicklich seine Denkkraft; und vom Könige der sein Volk beherrscht, bis zum Hirten, der seine Heerde weidet, ist von dieser immerwährenden Wohlthat der Natur niemand ausgeschlossen.

Wenn das Messer nur einst scharf schneidet, was liegt denn an dem Steine, worauf es gewezt ward? –

Da nun aber der Geist des Menschen so sehr außer sich wirkt, daß er sich oft in den Dingen die ihn umgeben verschwimmt, und anfängt, sie für höher als sich selbst und Wesen seiner Art zu halten, so ist es nöthig, daß er auf alle Weise in sich selbst und auf seinen eignen Werth zurückgeführt werde.

Ernstes Nachdenken muß hier, wie die Arznei bei einer körperlichen Krankheit, der Natur zu Hülfe kommen, und ihre Endzwecke zu befördern suchen.

Der Mensch muß es wieder empfinden lernen, daß er um sein selbst willen da ist – er muß es fühlen, daß bei allen denkenden Wesen, das Ganze eben so wohl um jedes Einzelnen willen, als jeder Einzelne um des Ganzen willen da ist.

Die Natur giebt uns also selbst den besten Fingerzeig, wo wir das wahre Edle und Schöne aufsuchen und befördern sollen. – Alles, was sie hervorbringt, erreicht erst dann den höchsten Gipfel seiner Vollkommenheit, wenn es sich irgend einem menschlichen Geiste darstellt, der im Stande ist, diese Vollkommenheit zu begreifen.

Wir haben also nun einen festen Gesichtspunkt, auf welchen wir alles beziehen können – es kömmt nur in so fern auf die Veredlung und Verfeinerung der schönen Kunstwerke an, als der menschliche Geist durch die Betrachtung dieser Kunstwerke veredelt und verfeinert werden kann.

Alle Wissenschaften und Künste, die seit Jahrtausenden erfunden sind, müssen sich in diesem Punkte vereinigen. –

Und es ist wohl einmal Zeit, daß der Mensch, das hin und her zerstreute, bisher so oft vernachlässigte, und gemißbrauchte, in diesem einzigen erhabenen Gesichtspunkte zusammenfaßt, und es darnach schätzen lernt.

Es muß nothwendig ein gemeinschaftlicher Faden, durch alle das Mannichfaltige, was in den Köpfen von Millionen Menschen zerstreut ist, durchlaufen, um es zu einem gewissen festen Endzweck zusammen zu knüpfen, und es nach seinem verhältnißmäßig größern oder geringern Einfluß auf die allgemeine Bildung des menschlichen Geistes zu ordnen.

Der einzelne Mensch muß schlechterdings niemals als ein bloß *nüzliches* sondern zugleich als ein *edles* Wesen betrachtet werden, das seinen eigenthümlichen Werth in sich selbst hat, wenn auch das ganze Gebäude der Staatsverfassung, wovon er ein Theil ist, um ihn her wegfiele.

Der Staat kann eine Weile seine Arme, seine Hände brauchen, daß sie wie ein untergeordnetes Rad in diese Maschine eingreifen – aber der Geist des Menschen kann durch nichts untergeordnet werden, er ist ein in sich selbst vollendetes Ganze.

Baumstämme mögen sich behauen und beschneiden lassen, um zu dem Ganzen eines Gebäudes ineinander gefugt zu werden. – Der Mensch soll keinen Gran von den Vorzügen seines Wesens verlieren, um in irgend ein Ganzes, das außer ihm ist, gepaßt zu werden, da er selbst für sich das edelste Ganze ausmacht.

Daß ich denke und den Werth meines Daseyns fühle, will ich nicht dem Zufall danken, der mir gerade unter dem Theile des Menschengeschlechts einen Plaz anwieß, der sich den *gesitteten Theil* nennt – ich stelle mich auf die unterste Stufe, worauf mich der Zufall versetzen konnte, und gebe keinen von meinen Ansprüchen auf die Rechte der Menschheit nach. Ich fordre so viel Freiheit und Muße, als nöthig ist, über mich selbst, über meine Bestimmung, und meinen Werth als Mensch, zu denken.

Eins der größten Übel, woran das Menschengeschlecht krank liegt, ist die schädliche Absonderung desselben, wodurch es in zwei Theile zerfällt, von welchen man den einen, der sich erstaunliche Vorzüge vor dem andern anmaßt, den *gesitteten Theil* nennt.

Dieser Theil scheint sich für den Zweck der Schöpfung, und alle übrigen Menschen für untergeordnete Wesen zu halten, die deswegen im Schweiß ihres Angesichts die Erde bauen, damit es Rechtsgelehrte, Staatsmänner, Priester, Künstler, Dichter und Geschichtschreiber geben könne, von deren geistigen Beschäftigungen, und verfeinerten Vergnügungen, jene Bebauer des Feldes nicht einmal die Nahmen wissen.

Aber auch selbst in den gesitteten Ständen betrachtet immer ein Theil den andern mehr als bloß brauchbare und nützliche Wesen – so denkt man sich immer einen Theil von Menschen, als ob er bloß um des andern Willen da wäre – dieß geht ins Unendliche fort, und warum denn nun zulezt alle da sind, bleibt unausgemacht. –

Diese falsche Vorstellungsart hat fast in alle menschlichen Dinge eine schiefe Richtung gebracht. – Die herrschende Idee des *Nüzlichen* hat nach und nach das Edle und Schöne verdrängt – man betrachtet selbst die große erhabne Natur nur noch mit kameralistischen Augen, und findet ihren Anblick nur interessant, in so fern man den Ertrag ihrer Produkte überrechnet –

Bei der Einrichtung der Stände und Gewerbe, ist nicht die Frage, in wie fern dieser Stand oder dieß Gewerbe *auf die Menschen, die es treiben zurückwirkt, den Körper und den Geist schwächt oder gesund erhält, und die Endzwecke der Natur zur Bildung des menschlichen Geistes hintertreiben oder befördern hilft* – sondern man scheint immer einen Theil der Menschen als ein bloßes Werkzeug in der Hand eines andern zu betrachten, der wieder in der Hand eines andern ein solches Werkzeug ist, und so fort. –

Da z.B. eine Zeitlang das Erziehungsgeschäft zum herrschenden Gedanken in unsern Köpfen geworden war, so war die Welt, welche erst erzogen werden sollte, das einzige, worauf man sein Augenmerk richtete – die erziehende Welt, welche doch auch nun einmal da war, wurde in Ansehung ihrer eignen Bildung und Veredlung wenig oder gar nicht in Erwägung gezogen – Da es doch ganz unmöglich ist, daß ein Theil von Menschen den andern veredeln kann, wenn er nicht erst selbst veredelt worden ist.

Bei den Methoden, die man vorschrieb, nahm man nur auf den Zögling, nicht auf den Erzieher Rücksicht. – Es blieb dem Zufall überlassen, ob die Methode so eingerichtet war, daß zugleich der Geist des Erziehers, indem er sie auf seinen Zögling anwandte, dadurch zu

Fortschritten in der Vollkommenheit veranlaßt wurde oder nicht.

Man erwog nicht, daß bei dem Erziehungsgeschäft die Bildung des Erziehers durch dasselbe eben so wohl Zweck ist, als die Bildung des Zöglings, und daß die leztere ohne die erstere gar nicht erreicht werden kann. Soll ein Lehrer sich z.B. zu den geringen Fähigkeiten seiner Schüler herablassen, so muß ihm nothwendig zugleich ein Weg vorgezeichnet werden, wie er selbst aus dieser Herablassung für die Bildung seines eignen Geistes Vortheil ziehen, und durch dieselbe z.B. seine Ideen mehr verdeutlichen, seine Denkkraft zu neuer Anstrengung vorbereiten könne, u.s.w.

Welch eine andre Gestalt würden alle menschlichen Dinge gewinnen, wenn man auf die Weise bei allen Einrichtungen, die gemacht werden, jeden einzelnen Menschen immer zugleich als Zweck und Mittel, und nicht bloß als ein nüzliches Thier, betrachtete.

Daß nun jeder einzelne Mensch, wenn er seinen Antheil von Kräften zur Erhaltung des Ganzen aufgewandt hat, sich auch als den Zweck dieses Ganzen betrachten lerne, und auch von jedem andern so betrachtet werde – darin besteht eigentlich die *wahre Aufklärung*, welche nothwendig *allgemein* verbreitet seyn muß, wenn sie nicht als bloße Täuschung und Blendwerk betrachtet werden soll.

Hier steht nun wieder jene schädliche Absonderung zwischen dem sogenannten gesitteten Theile der Menschen, und dem welcher nicht so heißt, im Wege.

Und überhaupt hat man bei den menschlichen Einrichtungen größtentheils schon im Zuschnitt des rechten Zwecks verfehlt. – Da sie aber nun einmal da sind, so muß man sich freilich den bittern Trank, so gut wie möglich, zu versüßen streben.

Das kann man aber durch den tröstenden Gedanken, daß es keinen Stand in der Welt giebt, der dem Menschen die Macht rauben könnte, die wahren Vorzüge seines Geistes zu empfinden, über die Verhältnisse der Dinge und ihren Zusammenhang Betrachtungen anzustellen, und sich mit einem einzigen Schwunge seiner Denkkraft über alles das hinwegzusetzen, was ihn hienieden einengt, quält und drückt. –

Über die bildende Nachahmung des Schönen

Wenn der griechische Schauspieler, in der Komödie des Aristophanes dem Sokrates auf dem Schauplatze, und der Weise ihm im Leben nachahmt: so ist das Nachahmen von beiden so sehr verschieden, daß es nicht wohl mehr unter einer und eben derselben Benennung begriffen werden kann: wir sagen daher der Schauspieler *parodierte* den Sokrates, und der Weise *ahmt ihm nach*.

Dem Schauspieler war es freilich nicht darum zu thun, dem Sokrates im Ernst nachzuahmen, sondern vielmehr nur, das Eigenthümliche desselben, oder seine *Individualität* in Gang, Miene, Stellung und Gebehrden, auf eine gewisse übertriebne Art, wodurch sie bei dem Zuschauer lächerlich werden sollte, *nachzubilden*. Weil dieß nun der Schauspieler mit Bewußtseyn, und gleichsam im Scherz that, so sagen wir: er parodierte den Sokrates.

Wäre aber der Schauspieler, den wir hier vor uns sehen, nicht Schauspieler, sondern irgend einer aus dem Volke, der dem Sokrates, welchem er sich innerlich schon ähnlich dünckte, nun auch im Äussern, in Gang, Stellung und Gebehrden, *im Ernst* nachzuahmen suchte; so würden wir von diesem Thoren sagen: er äfft dem Sokrates nach; oder, er verhält sich zum Sokrates ohngefähr so, wie der Affe, in seinen possierlichen Stellungen und Gebehrden, sich zum Menschen verhält.

Der Schauspieler also schließt den Weisen aus, und parodiert nur den Sokrates; denn die Weisheit läßt sich nicht parodieren: der Weise schließt in seiner Nachahmung den Sokrates aus, und ahmt in ihm nur den

Weisen nach; denn die Individualität des Sokrates kann wohl parodirt und nachgeäfft, aber nie nachgeahmt werden. Der Thor hat keinen Sinn für die Weisheit und hat doch Nachahmungstrieb: er ergreift also, was ihm am nächsten liegt; äfft nach, um nicht nachahmen zu dürfen; trägt die ganze Oberfläche einer fremden Individualität auf die seinige über, und die Basis oder das Selbstgefühl dazu legt ihm seine Thorheit unter.

Wir sehen also aus dem Sprachgebrauch, daß *Nachahmen*, im edlern moralischen Sinn, mit den Begriffen von nachstreben und wetteifern fast gleichbedeutend wird; weil die Tugend, welche ich z.B. in einem gewissen Vorbilde nachahme, etwas Allgemeines, über die Individualität Erhabnes ist, das von jedermann, der darnach strebt, und also auch von mir sowohl, als von meinem Vorbilde, mit dem ich zu wetteifern suche, erreicht werden kann. Weil ich aber diesem Vorbilde doch einmal nachstehe, und ein gewisser Grad von edler Gesinnung und Handlungsweise mir ohne dasselbe vielleicht nicht so bald, oder gar nie denkbar geworden wäre: so nenne ich mein Streben nach einem gemeinschaftlichen Gute, daß auch von meinem Vorbilde erst mußte errungen werden, eine Nachahmung dieses Vorbildes.

Ich ahme meinem Vorbilde nach; ich strebe ihm nach; ich suche mit ihm zu wetteifern. – Durch mein Vorbild ist mir bloß das Ziel höher, als von mir selbst, hinaufgesteckt. Nach diesem Ziele muß ich nun, nach meinen Kräften, auf meine Weise, streben; zuletzt mein Vorbild selbst vergessen, und suchen, wenn es möglich wäre, das Ziel noch weiter hinaus zu stecken.

Durch diese Gesinnung muß das Nachahmen im edlern moralischen Sinn erst seinen eigentlichen Werth erhalten. – Und es frägt sich nun: wie von diesem Nachahmen im moralischen Sinn, das Nachahmen in den schönen Künsten, oder von der Nachahmung des Guten und Edlen, die Nachahmung des Schönen unterschieden sey? –

Diese Frage muß sich alsdann von selbst beantworten, wenn wir die Begriffe von Schön und Gut, wiederum nach dem Sprachgebrauch, gehörig unterscheiden: denn daß dieser sie oft verwechselt, darf uns hier nicht kümmern, wo es beym Nachdenken über die Sache bloß aufs Unterscheiden ankömmt; und nothwendig, so wie auf dem Globus, gewisse feste Grenzlinien, die in der Natur selbst nicht Statt finden, gezogen werden müssen, wenn die Begriffe sich nicht wiederum eben so, wie ihre Gegenstände, unmerklich in einander verlieren und verschwimmen sollen: ein getreuer Abdruck der Natur können sie in diesem letztern Falle seyn, aber das eigentliche Denken, welches nun einmal im Unterscheiden besteht, hört auf.

Nun schließt sich aber im Sprachgebrauch das Gute und Nützliche, so wie das Edle und Schöne, natürlich aneinander; und diese vier verschiednen Ausdrücke bezeichnen eine so feine Abstufung der Begriffe, und bilden ein so zartes Ideenspiel, daß es dem Nachdenken schwer werden muß, das immer ineinander sich unmerklich wieder Verlierende gehörig auseinander zu halten, und es einzeln und abgesondert zu betrachten. So viel fällt demohngeachtet deutlich in die Augen, daß das bloß Nützliche dem Schönen und Edlen, mehr als das Gute, entgegenstehe; weil durch das Gute vom bloß Nützlichen zum Schönen und Edlen schon der Übergang gemacht wird.

Wir denken uns z.B. unter einem nützlichen Menschen einen solchen, der nicht sowohl an und für sich selbst, als vielmehr nur in Beziehung auf irgend einen Zusammenhang von Dingen ausser ihm, unsre Aufmerksamkeit verdienet: der gute Mensch hingegen fängt schon an und für sich selbst betrachtet, an, unsre Aufmerksamkeit auf sich zu ziehen und unsre Liebe zu gewinnen; in so fern wir uns nehmlich denken, daß er, seinem innern Fond von Güte nach, uns nie durch Eigennutz und Selbstsucht schaden, in den Zusammenhang von Dingen, worinn wir uns befinden, nicht leicht disharmonisch eingreifen, kurz, unsern Frieden nicht stören wird. – Der edle Mensch aber, zieht, für sich ganz allein, unsre ganze Aufmerksamkeit und Bewunderung auf sich; ohne alle Rücksicht auf irgend etwas ausser ihm, oder auf irgend einen Vortheil, der uns für unsre eigne Person aus seinem Daseyn erwachsen könnte.

Und weil nun der edle Mensch, um edel zu seyn, der körperlichen Schönheit nicht bedarf, so scheiden sich hier wiederum die Begriffe von Schön und Edel, indem durch das letztre die innre Seelenschönheit, im Gegensatz gegen die Schönheit auf der Oberfläche, bezeichnet wird. In so fern nun aber die äussre Schönheit zugleich mit ein Abdruck der innern Seelenschönheit ist, faßt sie auch das Edle in sich, und sollte es, ihrer Natur nach, eigentlich stets in sich fassen. Hiedurch hebt sich aber demohngeachtet der Unterschied zwischen schön und edel nicht wieder auf. Denn unter einer edlen Stellung denken wir uns z.B. eine solche, die zugleich eine gewisse innere Seelenwürde bezeichnet: irgend eine leidenschaftliche Stellung aber kann demohngeachtet immer noch eine schöne Stellung seyn, wenn gleich nicht eine solche innere Seelenwürde ausdrücklich dadurch bezeichnet wird; nur darf sie einem gewissen Grade von innerer Würde nie geradezu widersprechen; sie darf nie unedel seyn.

Hieraus erklärt sich nun zugleich beiläufig der Begriff vom edlen Stil in Kunstwerken jeder Art, welcher kein andrer ist, als derjenige, der zugleich mit eine innre Seelenwürde des hervorbringenden Genies bezeichnet. Ob nun gleich dieser edle Stil die andern untergeordneten Arten des Schönen nicht vom Gebiet des Schönen ausschließt, so schneidet er doch alles, was ihm geradezu entgegensteht, davon ab; er schließt das Unedle aus.

In so fern nun unter dem Edlen, im Gegensatz gegen das äussre Schöne, bloß die innere Seelenschönheit verstanden wird, können wir es auch, so wie das Gute, in uns selbst nachbilden. – Das Schöne aber, in so fern es sich dadurch vom Edlen unterscheidet, daß, im Gegensatz gegen das Innre, bloß das äussre Schöne darunter verstanden wird, kann durch die Nachahmung nicht in uns herein, sondern muß, wenn es von uns nachgeahmt werden soll, nothwendig wieder *aus uns herausgebildet* werden.

Der bildende Künstler kann z.B. die innre Seelenschönheit eines Mannes, den er sich in seinem Wandel zum Vorbilde nimmt, ihm nachahmend in sich übertragen. Wenn aber eben dieser Künstler sich gedrungen fühlte, die innre Seelenschönheit seines Vorbildes, in so fern sie sich in dessen Gesichtszügen abdrückt, nachzuahmen: so müsste er seinen Begriff davon nothwendig aus sich herauszubilden und ausser sich darzustellen suchen; indem er nehmlich diese Gesichtszüge nicht geradezu nachbildete, sondern sie gleichsam nur zu Hülfe nähme, um die in sich empfundne Seelenschönheit eines fremden Wesens auch außer sich wieder darzustellen.

Die eigentliche Nachahmung des Schönen unterscheidet sich also zuerst von der moralischen Nachahmung des Guten und Edlen dadurch, daß sie, ihrer Natur nach, streben muß, nicht, wie diese, in sich hinein, sondern aus sich heraus zu bilden.

Wenden wir nun die Begriffe von Gut, Schön und Edel wiederum auf den Begriff von Handlung an; so denken wir uns unter einer guten Handlung eine solche, die nicht allein um ihrer Folgen, sondern zugleich um ihrer Beweggründe willen, unsre Aufmerksamkeit erregen, und unsern Beifall verdienen kann: bei der Schätzung einer edlen Handlung vergessen wir ganz die Folge, und sie scheinet uns allein schon um ihrer Beweggründe, das ist, um ihrer selbst willen, unsrer Bewundrung werth. Betrachten wir nun eine solche Handlung nach ihrer *Oberfläche*, von der sie einen sanften Schein in unsre Seele wirft, oder nach der angenehmen Empfindung, die ihre blosse Betrachtung in uns erweckt; so nennen wir sie eine *schöne* Handlung: wollen wir aber ihren innern Werth ausdrücken, so nennen wir sie *edel*. Jede schöne *Handlung* aber muß nothwendig auch edel seyn: das Edle ist bei ihr die Basis oder der Fond des Schönen, durch welches sie in unser Auge leuchtet. Durch den Mittelbegriff des Edeln also wird der Begriff des Schönen wieder zum Moralischen hinübergezogen und gleichsam daran festgekettet. Wenigstens werden dem Schönen dadurch die Grenzen vorgeschrieben, die es nicht überschreiten darf.

Da wir nun einmal genöthigt sind, uns den Begriff von der Nachahmung des eigentlichen Schönen, den wir nicht haben, aus dem Begriff von der moralischen Nachahmung des Guten und Edlen, den wir haben, zu entwickeln; und, da wir uns die eigentliche Nachahmung des Schönen, ausser dem Genuß der Werke selbst, die dadurch entstanden sind, gar nicht anders denken können, als in so fern sie sich von der bloß moralischen Nachahmung des Guten und Edlen unterscheidet: so müssen wir nun schon die Begriffe von nützlich, gut, schön, und edel, noch weiter in ihre feinern Abstufungen zu verfolgen suchen.

Dadurch also, daß z.B. die That des Mutius Scaevola erwünschte Folgen hatte, wurde sie nicht im geringsten edler, als sie war; und würde auch, ohne den Erfolg, von ihrem innern Werth nichts verlohren haben; sie brauchte nicht *nützlich* zu seyn, um edel zu seyn; bedurfte des Erfolges nicht, eben weil sie ihren innern Werth in sich selber hatte: und wodurch anders hatte sie diesen Werth, als durch sich selbst, durch ihr Daseyn?

Das Edle und Grosse der Handlung lag ja eben darinn, daß der junge Held, auf jeden Erfolg gefaßt, das alleräusserste wagte, und, da es ihm mißlang, ohne Bedenken seine Hand in die lodernde Flamme streckte, ohne noch zu wissen, was sein Feind, in dessen Gewalt er war, über ihn verhängen würde. – So kann nur der handeln, welcher eine grosse That, deren Erfolg so äusserst ungewiß ist, *um dieser That selbst willen* unternimmt, wovon allein schon das grosse Bewußtseyn ihn für jeden mißlungen Versuch schadlos hält.

Wäre Mutius, unter andern Umständen, bloß das Werkzeug eines Andern, dem er aus Pflicht gehorchte, zu einer ähnlichen That gewesen, und hätte sie, mit Beistimmung seines Herzens, vortreflich, und so wie er sollte, ausgeführt: so hätte er zwar noch nicht edel, aber gut gehandelt: denn obgleich seine Handlung auch schon vielen Werth in sich selber hat, so wird doch immer ihre Güte zugleich mit durch den Erfolg bestimmt.

Hätte aber eben dieser Mutius den Angriff auf den Feind seines Vaterlandes, meuchelmörderischer Weise, aus Privatrache und persönlichem Haß gethan, und sie wäre ihm nicht mißlungen: so hätte sie seinem Vaterlande, ohne gut und edel zu seyn, dennoch genützt, und hätte, ohne den mindesten innern Werth zu haben, dennoch *durch den Erfolg*, eine Art von äussrem Werth erhalten.

Wie nun das Gute zum Edlen, eben so muß das Schlechte zum Unedlen sich verhalten: das Unedle ist der Anfang des Schlechten, so wie das Gute der Anfang des Schönen und Edlen ist; und so wie eine bloß gute, noch keine edle, so ist eine bloß unedle deswegen noch keine schlechte Handlung. Und wie das Nützliche zum Guten, eben so verhält wiederum das Unnütze sich zum Schlechten; das Schlechte ist gleichsam der Anfang des Unnützen, so wie das Nützliche schon der Anfang des Guten ist. Wie das bloß Nützliche deswegen noch nicht gut ist, so ist auch das bloß Schlechte deswegen noch nicht unnütz.

Nun steigen die Begriffe von unedel, schlecht, und unnütz, eben so herab, wie die Begriffe von nützlich, gut, und schön heraufsteigen. Von den heraufsteigenden Begriffen steht das Edle und Schöne auf der höchsten, so wie von den herabsteigenden das Unnütze auf der niedrigsten Stufe. Von allen diesen Begriffen nun, stehen der vom Schönen, und der vom Unnützen am weitesten voneinander ab, und scheinen sich am stärksten entgegengesetzt zu seyn; da wir doch vorher gesehen haben, daß das Schöne und Edle sich eben dadurch vom Guten unterscheidet, daß es nicht nützlich seyn darf, um schön zu seyn, und also der Begriff vom Schönen mit dem Begriff vom Unnützen oder nicht Nützlichen sehr wohl müßte zusammen bestehen können.

Hier zeigt es sich nun, wie ein Zirkel von Begriffen zuletzt sich wieder in sich selbst verliert, indem seine beiden äussersten Enden gerade da wieder zusammenstossen, wo, wenn sie nicht zusammenstiessen, von einem zum andern der weiteste Weg seyn würde.

Der Begriff vom Unnützen nehmlich, in so fern es gar keinen Zweck, keine Absicht ausser sich hat, warum es da ist, schließt sich am willigsten und nächsten an den Begriff des Schönen an, in so fern dasselbe auch keines Endzwecks, keiner Absicht, warum es da ist, ausser sich *bedarf*, sondern seinen ganzen Werth, und den Endzweck seines Daseyns in sich selber hat.

In so fern aber nun das Unnütze nicht zugleich auch schön ist, fällt es auf einmal wieder am allerweitesten vom Begriff des Schönen bis unter das Schlechte hinab, weil es nun weder in sich noch ausser sich, eine Absicht hat, warum es da ist, und sich also gleichsam selbst aufhebt. Ist aber das Unnütze, oder dasjenige, was ausser sich keinen Endzweck seines Daseyns hat, zugleich auch schön, so steigt es plötzlich auf die höchste Stufe der Begriffe bis über das Nützliche und Gute empor, indem es eben deswegen keines Endzwecks ausser sich bedarf, weil es in sich so vollkommen ist, daß es den ganzen Endzweck seines Daseyns in sich selbst hat.

Die drei aufsteigenden Begriffe von nützlich, gut und schön, und die drei absteigenden von unedel, schlecht und unnütz, bilden also aus dem Grunde einen Zirkel, weil die beiden äussersten Begriffe vom Unnützen und vom Schönen sich gerade am wenigsten einander ausschliessen; und der Begriff des Unnützen von dem einen, für den Begriff des Schönen von dem andern Ende, gleichsam die Fuge wird, in die es sich am leichtesten hineinstehlen, und unmerklich sich darin verlieren kann.

Steigen wir nun die Leiter der Begriffe herab, so verträgt sich schön und edel zwar mit unnütz, aber nicht mit schlecht und unedel; gut verträgt sich mit unedel, aber nicht mit schlecht und unnütz; nützlich mit schlecht und unedel, aber nicht mit unnütz; unedel mit gut und nützlich, aber nicht mit schön; schlecht mit nützlich, aber nicht mit schön und gut; unnütz mit schön, aber nicht mit gut und nützlich. – Die Begriffe müssen sich immer gerade da wieder entgegen kommen, wo sie am weitesten von einander abzuweichen, und sich zu verlassen scheinen.

Allein wir dürfen itzt dieß Ideenspiel nur so weit verfolgen, als es unserm Zweck uns näher führt, unsre Vorstellung von der Nachahmung des Schönen, durch den Begriff des Schönen aufzuhellen. Nun kann aber nur die Vorstellung von dem, was das Schöne *nicht zu seyn braucht*, um schön zu seyn, und was als überflüssig davon betrachtet werden muß, uns auf einen nicht unrichtigen Begriff des Schönen führen, indem wir uns alles, was nicht dazu gehört, um dasselbe her hinweg, und also wenigstens den wahren Umriß des leeren Raumes denken, wohinein das von uns Gesuchte, wenn es positiv von uns gedacht werden könnte, nothwendig passen müßte.

Da nun aus der vorhergegangenen Nebeneinanderstellung klar ist, daß die Begriffe von schön und unnütz nicht nur einander nicht ausschliessen, sondern sogar sich willig ineinander fügen: so muß das Nützliche offenbar an dem Schönen als überflüssig, und wenn es sich daran befindet, doch als zufällig, und als nicht dazu gehörig betrachtet werden, weil die wahre Schönheit, eben so wie das Edle in der Handlung, durch das Nützliche dabei weder vermehrt, noch durch den Mangel desselben auf irgend eine Weise vermindert werden kann.

Wir können also das Schöne im Allgemeinen auf keine andre Weise erkennen, als in so fern wir es dem Nützlichen entgegenstellen, und es davon so scharf wie möglich unterscheiden. Eine Sache wird nehmlich dadurch noch nicht schön, daß sie nicht nützlich ist, sondern dadurch, daß sie nicht nützlich zu seyn braucht. Um nun aber die Frage zu beantworten, wie denn eine Sache beschaffen seyn müsse, damit sie nicht nützlich zu seyn brauche, müssen wir wiederum erst den Begriff des Nützlichen noch mehr zu entwickeln suchen.

Unter Nutzen denken wir uns nehmlich die Beziehung eines Dinges, als Theil betrachtet, auf einen Zusammenhang von Dingen, den wir uns als ein Ganzes denken. Diese Beziehung muß nehmlich von der Art seyn, daß der Zusammenhang des Ganzen beständig dadurch gewinnt und erhalten wird: je mehrere solcher Beziehungen nun eine Sache auf den Zusammenhang, worinn sie sich befindet, hat, um desto nützlicher ist dieselbe.

Jeder Theil eines Ganzen muß auf die Weise mehr oder weniger Beziehung auf das Ganze selbst haben: das Ganze, als Ganzes betrachtet, hingegen, braucht weiter keine Beziehung auf irgend etwas ausser sich zu haben. So muß jeder Bürger eines Staats eine gewisse Beziehung auf den Staat haben, oder dem Staate nützlich seyn; der Staat selbst aber braucht in so fern er in sich allein ein Ganzes bildet, weiter keine Beziehung auf irgend etwas ausser sich zu haben, und braucht also auch nicht weiter nützlich zu seyn.

Hieraus sehen wir also, daß eine Sache, um nicht nützlich seyn zu dürfen, nothwendig ein für sich bestehendes Ganze seyn müsse, und daß also mit dem Begriff des Schönen der Begriff von einem für sich bestehenden Ganzen unzertrennlich verknüpft ist. – Daß aber dieß demohngeachtet noch nicht zum Begriff des Schönen hinreicht, sehen wir daraus, weil wir z.B. mit dem Begriff vom Staat, ob derselbe gleich ein für sich bestehendes Ganze ist, dennoch den Begriff der Schönheit nicht wohl verknüpfen können, indem derselbe *in seinem ganzen Umfange*, weder in unsern äussern Sinn fällt, noch von der Einbildungskraft umfaßt, sondern bloß von unserm Verstande gedacht werden kann.

Aus eben dem Grunde können wir auch mit dem ganzen Zusammenhange der Dinge den Begriff von Schönheit nicht eigentlich verknüpfen, eben weil dieser Zusammenhang, in *seinem ganzen Umfange*, weder in unsre Sinne fällt, noch von unsrer Einbildungskraft umfaßt werden kann, gesetzt daß er auch von unserm Verstande gedacht werden könnte.

Zu dem Begriff des Schönen, welches uns daraus entsprungen ist, daß es nicht nützlich zu seyn braucht, gehört also noch, daß es nicht nur oder nicht sowohl, ein für sich bestehendes Ganze wirklich sey, als vielmehr nur wie ein für sich bestehendes Ganze, in unsre Sinne fallen, oder von unsrer *Einbildungskraft umfaßt werden* könne.

Und so wie nun das Nützliche seine Grade hat, eben so muß sie auch das Schöne haben: je mehr Zusammenhang befördernde Beziehungen nämlich eine nützliche Sache auf den Zusammenhang, worinn sie sich befindet, hat, um desto nützlicher ist sie; und je mehrere solcher Beziehungen eine schöne Sache von ihren einzelnen Theilen zu ihrem Zusammenhange, das ist, zu sich selber, hat, um desto schöner ist sie.

So wie nun das Schöne, unbeschadet seiner Schönheit auch nützen kann, ob es gleich nicht um zu nützen da ist; so kann das Nützliche auch, unbeschadet seines Nutzens, in einem gewissen Grade schön seyn, ob es gleich nur um zu nutzen da ist.

Allein es darf die Linie um kein Haarbreit überschreiten; so bald der Zweck des Nützlichen, wozu es da ist, unter der angemaßten Schönheit leidet, bleibt es weder schön noch nützlich mehr, sinkt unter sich selbst herab, und hebt sich selber auf.

Wenn das Schöne sich an dem *Nützlichen* befindet, muß es sich auch dem Nützlichen unterordnen – es ist nicht um sein selbst willen da – es dient das Nützliche aufzuschmücken – steigt also selbst zum Nützlichen herab, und fließt mit ihm zusammen – Es giebt seine Ansprüche mit seinem Nahmen auf; tritt in gemessene Schranken; wird zur bescheidnen *Zierde*, zur simplen *Eleganz*.

Aus der höchsten Mischung des Schönen mit dem Edlen, da wo das äussere Schöne ganz in Ausdruck innrer Würde und Hohheit übergeht, erwächst der Begriff des Majestätischen – Denken wir uns das Majestätische belebt, so muß es die Welt beherrschen, der Dinge Zusammenhang in sich fassen; der Erdkreis muß vor ihm sich beugen.

Wenn wir das Edle in Handlung und Gesinnung mit dem Unedlen messen, so nennen wir das Edle groß, das Unedle klein. – Und messen wir wieder das Grosse, Edle und Schöne nach der Höhe, in der es über uns, unsrer Fassungskraft kaum noch erreichbar ist, so geht der Begriff des Schönen in den Begriff des Erhabnen über.

In so fern aber nun in einem schönen Werke die mannichfaltigen Beziehungen der einzelnen Theile zum Ganzen, nicht nur oder nicht sowohl von unserm Verstande gedacht werden, als vielmehr nur in unsern *äussren Sinn* fallen, oder von unsrer *Einbildungskraft* umfaßt werden müssen, in so fern schreiben unsre Empfindungswerkzeuge dem Schönen wieder sein *Maaß* vor.

Sonst würde freilich der Zusammenhang der ganzen Natur, welcher zu sich selber, als zu dem größten uns denkbaren Ganzen, die meisten Beziehungen in sich faßt, auch für uns das höchste Schöne seyn, wenn derselbe nur einen Augenblick von unsrer Einbildungskraft umfaßt werden könnte.

Denn dieser grosse Zusammenhang der Dinge ist doch eigentlich das einzige, wahre Ganze; jedes einzelne Ganze in ihm, ist, wegen der unauflößlichen Verkettung der Dinge, nur *eingebildet* – aber auch selbst dies Eingebildete muß sich dennoch, als Ganzes betrachtet, jenem grossen Ganzen in unsrer Vorstellung ähnlich, und nach eben den ewigen, festen Regeln bilden, nach welchen dieses sich von allen Seiten auf seinen Mittelpunkt stützt, und auf seinem eignen Daseyn ruht.

Jedes schöne Ganze aus der Hand des bildenden Künstlers, ist daher im Kleinen ein Abdruck des höchsten Schönen im grossen Ganzen der Natur; welche das noch mittelbar durch die bildende Hand des Künstlers nacherschafft, was unmittelbar nicht in ihren grossen Plan gehörte.

Wem also von der Natur selbst, der Sinn für ihre Schöpfungskraft in sein ganzes Wesen, und das *Maaß* des Schönen in Aug' und Seele gedrückt ward, der begnügt sich nicht, sie anzuschauen; er muß ihr nachahmen, ihr nachstreben, in ihrer geheimen Werkstatt sie belauschen, und mit der lodernden Flamm' im Busen bilden und schaffen, so wie sie: –

Indem seine glühende Spähungskraft in das Innere der Wesen dringt, bis auf den Quell der Schönheit selbst, die feinsten Fugen löset; und auf der Oberfläche sie schöner wieder fügend, ihre edle Spur in weichen Ton eindrückt, in harten Stein sie bildet; oder auf flachem Grunde, mit trennender Spitze die Gestalt aus ihren Umgebungen sondert; durch kühnen Farbenanstrich die Masse selbst nachahmt; und durch Mischung von Licht und Schatten die Fläche dem Auge entgegen rückt.

Die Realität muß unter der Hand des bildenden Künstlers zur Erscheinung werden; indem seine durch den Stoff gehemmte Bildungskraft von innen, und seine bildende Hand von aussen, auf der Oberfläche der leblosen Masse zusammentreffen, und auf diese Oberfläche nun alles das hinübertragen, was sonst größtentheils vor unsern Augen sich in die Hülle der *Existenz* verbirgt, die durch sich selbst schon jede Erscheinung aufwiegt.

Von dem reellen und vollendeten Schönen also, was unmittelbar sich selten entwickeln kann, schuf die Natur doch *mittelbar* den Wiederschein durch Wesen in denen sich ihr Bild so lebhaft abdrückte, daß es sich ihr selber in ihre eigene Schöpfung wieder entgegenwarf. – Und so brachte sie, durch diesen verdoppelten Wiederschein sich in sich selber spiegelnd, über ihrer Realität schwebend und gauckelnd, ein Blendwerk hervor, das für ein *sterbliches* Auge noch reizender, als sie selber ist.

Und obgleich auch der Mensch an seinem Platze in der Reihe der Dinge so beschränkt wie möglich ist, damit über ihm und unter ihm sich noch so viele verschiedne Arten des Daseyns, wie nur möglich sind, drängen mögen; so gab ihm dennoch die Natur, damit er in seiner Art so vollkommen wie möglich sey, ausser dem Genuß noch Bildungskraft; ließ ihn mit sich selbst wetteifern, und sich von ihm, damit keine Kraft in ihm unentwickelt bliebe, sogar dem Scheine nach, übertreffen.

Der Sinn aber für das höchste Schöne in dem harmonischen Bau des Ganzen, das die vorstellende Kraft des Menschen nicht umfaßt, liegt unmittelbar in der *Thatkraft* selbst, die nicht ehr ruhen kann, bis sie das, was in ihr schlummert, wenigstens irgend einer der vorstellenden Kräfte genähert hat. – Sie greift daher in der Dinge Zusammenhang, und was sie faßt, will sie der Natur selbst ähnlich, zu einem *eigenmächtig* für sich bestehenden Ganzen bilden. – Die Realität der Dinge, deren Wesen und Wirklichkeit eben in ihrer *Einzelnheit* besteht, widerstrebt ihr lange, bis sie das innre Wesen, in die Erscheinung aufgelöst, sich zu eigen macht, und eine eigne Welt sich schafft, worin gar nichts Einzelnes mehr statt findet, sondern jedes Ding in seiner Art ein für sich bestehendes Ganze ist.

Die Natur konnte aber den Sinn für das höchste Schöne nur in die Thatkraft pflanzen, und durch dieselbe erst mittelbar einen Abdruck dieses höchsten Schönen der Einbildungskraft faßbar, dem Auge sichtbar, dem Ohre hörbar, machen; weil der Horizont der Thatkraft mehr umfaßt, als der äussre Sinn, und Einbildungs- und Denkkraft fassen kann.

In der Thatkraft liegen nämlich *stets* die Anlässe und Anfänge zu so vielen Begriffen, als die Denkkraft nicht auf einmal einander *unterordnen*; die Einbildungskraft nicht auf einmal *neben einander stellen*, und der äussre Sinn noch weniger auf einmal in der *Wirklichkeit* ausser sich fassen kann.

Die Denkkraft muß sich, um dem, was die thätige Kraft in dunkler Ahndung auf *einmal* faßt, nachzukommen, so oft wiederholen, bis sie den ganzen Fonds von Anfängen und Anlässen zu Begriffen, der in der Thatkraft ihr unterliegt, erschöpft hat, und alsdann den Kreislauf von neuem beginnen kann. – Die Einbildungskraft muß noch weit öfter sich wiederholen, weil sie nicht in einander- sondern *nebeneinanderstellend*, jedesmal um so weniger fassen kann. – Der äussre Sinn ist ein immerwährendes Wiederholen seiner selbst, weil er jedesmal nur so viel faßt, als in dem Horizonte, der undurchdringlich ihn umschließt, wirklich neben einander steht. – So wenig fasst der äußre Sinn, daß, um dem reichen Fonds von Anlässen zu Begriffen, die in der Thatkraft schlummern, nachzukommen, und alle zum Anschaun und zur Wirklichkeit zu bringen, kein Leben hinreicht, und so lange wir athmen, das Auge sich nimmer satt sieht, das Ohr sich nimmer satt hört.

Je lebhafter spiegelnd nun das Organ von der *dunkelahndenden* Thatkraft, durch die *unterscheidende* Denkkraft, bis zu dem *hellsehenden* Auge, und *deutlich vernehmenden* Ohre, wird; um desto vollständiger und lebendiger werden zwar die Begriffe, aber um destomehr *verdrängen* sie sich auch und *schliessen einander* aus. – Wo sie sich also am wenigsten einander ausschliessen, und ihrer am meisten neben einander bestehen können, das kann nur da seyn, wo sie am *unvollständigsten* sind, wo bloß ihre Anfänge oder ersten Anlässe zusammentreffen, die eben durch ihr Mangelhaftes und Unvollständiges, in sich selber den immerwährenden, unwiderstehlichen Reiz bilden, der sie zur vollständigen Wirklichkeit bringt.

Der Horizont der thätigen Kraft aber muß bei dem bildenden Genie *so weit, wie die Natur selber*, seyn, das heißt: die Organisation muß so fein gewebt seyn, und so unendlich viele *Berührungspunkte* der allumströmenden Natur darbieten, daß gleichsam die *äussersten Enden* von allen Verhältnissen der Natur im Großen, hier im Kleinen sich nebeneinander stellend, Raum genug haben, um sich einander nicht verdrängen zu dürfen.

Wenn nun eine Organisation von diesem feinern Gewebe, bei ihrer völligen Entwicklung, auf einmal in der dunklen Ahndung ihrer thätigen Kraft, ein *Ganzes* faßt, das weder in ihr Auge noch in ihr Ohr, weder in ihre Einbildungskraft noch in ihre Gedanken kam; so muß nothwendig eine Unruhe, ein Mißverhältniß zwischen den sich wägenden Kräften so lange entstehen, bis sie wieder in ihr Gleichgewicht kommen.

Bei einer Seele, deren bloß thätige Kraft, schon das *edle, grosse Ganze* der Natur in dunkler Ahndung faßt, kann die deutlich erkennende Denkkraft, die noch lebhafter darstellende Einbildungskraft, und der am hellsten spiegelnde äussre Sinn, mit der Betrachtung des Einzelnen im Zusammenhange der Natur, sich nicht mehr begnügen.

Alle die in der thätigen Kraft bloß dunkel geahndeten Verhältnisse jenes grossen Ganzen, müssen nothwendig auf irgend eine Weise entweder sichtbar, hörbar, oder doch der Einbildungskraft faßbar werden: und um dieß zu werden, muß die Thatkraft, worinn sie schlummern, sie *nach sich selber, aus sich selber bilden*. – Sie muß alle jenen Verhältnisse des grossen Ganzen, und in ihnen das höchste Schöne, wie an den Spitzen seiner Strahlen, in einen Brennpunkt fassen. – Aus diesem Brennpunkte muß sich, nach des Auges gemessener Weite, ein zartes und doch getreues Bild des höchsten Schönen ründen, das die vollkommensten Verhältnisse des grossen Ganzen der Natur, eben so wahr und richtig, wie sie selbst, in seinen kleinen Umfang faßt.

Weil nun aber dieser Abdruck des höchsten Schönen nothwendig an etwas haften muß, so wählt die bildende Kraft, durch ihre *Individualität* bestimmt, irgend einen sichtbaren, hörbaren, oder doch der Einbildungskraft faßbaren Gegenstand, auf den sie den Abglanz des höchsten Schönen im *verjüngenden* Maasstabe überträgt. – Und weil dieser Gegenstand wiederum, wenn er *wirklich*, was er darstellt, *wäre*, mit dem Zusammenhange der Natur, die ausser sich selber kein wirklich eigenmächtiges Ganze duldet, nicht ferner bestehen könnte: so führet uns dies auf den Punkt, wo wir schon einmal waren: daß jedesmal das innre Wesen erst in die Erscheinung sich verwandeln müsse, ehe es, durch die Kunst, zu einem für sich bestehenden Ganzen gebildet werden, und ungehindert die Verhältnisse des grossen Ganzen der Natur, in ihrem völligen Umfange spiegeln kann.

Da nun aber jene grossen Verhältnisse, in deren *völligen Umfange* eben das Schöne liegt, nicht mehr unter das Gebiet der Denkkraft fallen; so kann auch der lebendige Begriff von der bildenden Nachahmung des Schönen, nur im Gefühl der thätigen Kraft, die es hervorbringt, im ersten Augenblick der Entstehung statt finden, wo das Werk, als schon vollendet, durch alle Grade seines allmähligen Werdens, in dunkler Ahndung, auf einmal vor die Seele tritt, und in diesem Moment der ersten Erzeugung gleichsam vor seinem *wirklichen* Daseyn, da ist; wodurch alsdann auch jener unnennbare Reiz entsteht, welcher das schaffende Genie zur immerwährenden Bildung treibt.

Durch unser Nachdenken über die bildende Nachahmung des Schönen, mit dem reinen Genuß der schönen Kunstwerke selbst, vereint, kann zwar etwas jenem lebendigen Begriff näherkommendes in uns entstehn, das den Genuß der schönen Kunstwerke uns erhöht. – Allein da unser höchster Genuß des Schönen dennoch sein *werden aus unsrer eignen Kraft* unmöglich mit in sich fassen kann – so bleibt der einzige höchste Genuß desselben immer dem schaffenden Genie, das es hervorbringt, selber; und das Schöne hat daher seinen höchsten Zweck, in seiner Entstehung, in seinem Werden schon erreicht: unser *Nachgenuß* desselben ist nur eine *Folge* seines Daseyns – und das bildende Genie ist daher im grossen Plane der Natur, zuerst *um sein selbst*, und dann erst um unsertwillen da; weil es nun einmal ausser ihm noch Wesen giebt, die selbst nicht schaffen und bilden, aber doch das Gebildete, wenn es einmal hervorgebracht ist, mit ihrer Einbildungskraft umfassen können.

Die Natur des Schönen besteht ja eben darinn, daß sein innres Wesen ausser den Grenzen der Denkkraft, in seiner Entstehung in seinem eignen Werden liegt. Eben darum, weil die Denkkraft beim Schönen nicht mehr fragen kann, warum es schön sey? ist es schön. – Denn es mangelt ja der Denkkraft völlig an einem *Vergleichungspunkte*, wornach sie das Schöne beurtheilen, und betrachten könnte. Was giebt es noch für einen Vergleichungspunkt für das ächte Schöne, als mit dem Inbegriff aller harmonischen Verhältnisse des grossen Ganzen der Natur, die keine Denkkraft umfassen kann? Alles einzelne hin und her in der Natur zerstreute Schöne, ist ja nur in so fern schön, als sich dieser Inbegriff aller Verhältnisse jenes grossen Ganzen mehr oder weniger darinn offenbahrt. – Es kann also nie zum Vergleichungspunkte für das Schöne der bildenden Künste, eben so wenig als der wahren Nachahmung des Schönen zum Vorbilde dienen; weil das höchste Schöne im Einzelnen der Natur, immer noch nicht schön genug für die stolze Nachahmung der großen und majestätischen Verhältnisse des allumfassenden Ganzen der Natur ist. – Das Schöne kann daher nicht erkannt, es muß hervorgebracht – oder *empfunden* werden.

Denn weil in gänzlicher Ermanglung eines Vergleichungspunktes, einmal das Schöne kein Gegenstand der Denkkraft ist, so würden wir, in so fern wir es nicht selbst hervorbringen können, auch seines Genusses ganz entbehren müssen, indem wir uns nie an etwas *halten* könnten, dem das Schöne näher käme, als das Minderschöne – wenn nicht etwas die Stelle der hervorbringenden Kraft in uns ersetzte, das ihr so nahe wie möglich kömmt, ohne doch sie selbst zu seyn: – dieß ist nun, was wir *Geschmack* oder Empfindungsfähigkeit für das Schöne nennen, die, wenn sie in ihren Grenzen bleibt, den Mangel des höhern Genusses bei der Hervorbringung des Schönen, durch die ungestörte Ruhe der stillen Betrachtung ersetzen kann.

Wenn nämlich das Organ nicht fein genug gewebt ist, um dem einströmenden Ganzen der Natur so viele Berührungspunkte darzubieten, als nöthig sind, um *alle* ihre grossen Verhältnisse vollständig im Kleinen abzuspiegeln, und uns noch ein Punkt zum völligen Schluß des Zirkels fehlt; so können wir statt der Bildungskraft nur Empfindungsfähigkeit für das Schöne, haben: jeder Versuch, es ausser uns wieder darzustellen, würde uns mißlingen, und uns desto unzufriedner mit uns selber machen, je näher unser Empfindungsvermögen für das Schöne an das uns mangelnde Bildungsvermögen grenzt.

Weil nämlich das Wesen des Schönen eben in seiner *Vollendung* in sich selbst besteht, so schadet ihm der letzte fehlende Punkt, so viel als tausend, denn er verrückt alle übrigen Punkte aus der Stelle, in welche sie gehören. – Und ist dieser *Vollendungspunkt* einmal verfehlt, so verlohnt ein Werk der Kunst der Mühe des

Anfangs und der Zeit seines Werdens nicht; es fällt unter das schlechte bis zum Unnützen herab, und sein Daseyn muß nothwendig durch die Vergessenheit, worinn es sinkt, sich wieder aufheben.

Eben so schadet auch dem in das feinere Gewebe der Organisation gepflanzten Bildungsvermögen, der letzte zu seiner Vollständigkeit fehlende Punkt, soviel als tausend. – Der höchste Werth, den es als Empfinddungsvermögen haben könnte, kömmt bei ihm, als Bildungskraft, eben so wenig wie der geringste, in Betrachtung. Auf dem Punkte, wo das Empfindungsvermögen seine Grenzen überschreitet, muß es nothwendig unter sich selber sinken, sich aufheben, und vernichten.

Je vollkommner das Empfindungsvermögen für eine gewisse Gattung des Schönen ist, um desto mehr ist es in Gefahr sich zu täuschen, sich selbst für Bildungskraft zu nehmen, und auf die Weise durch tausend mißlungne Versuche, seinen Frieden mit sich selbst zu stören.

Es blickt z.B. beim Genuß des Schönen in irgend einem Werke der Kunst, zugleich *durch das Werden* desselben, in die bildende Kraft, die es schuf, hindurch; und ahndet dunkel den höhern Grad des Genusses eben dieses Schönen, im Gefühl der Kraft, die mächtig genug war, es aus sich selbst hervorzubringen.

Um sich nun diesen höhern Grad des Genusses, welchen sie an einem Werke, das einmal schon da ist, unmöglich haben kann, auch zu verschaffen; strebt die einmal zu lebhaft gerührte Empfindung vergebens etwas Ähnliches aus sich selbst hervorzubringen; haßt ihr eignes Werk, verwirft es, und verleidet sich zugleich den Genuß alle des Schönen, das ausser ihr schon da ist, und woran sie nun eben deswegen, weil es ohne ihr Zuthun da ist, keine Freude findet. –

Ihr einziger Wunsch und Streben ist, des ihr versagten, höhern Genusses, den sie nur dunkel ahndet, theilhaftig zu werden: in einem schönen Werke, das ihr sein Daseyn dankt, mit dem Bewußtseyn von eigner Bildungskraft, sich selbst zu spiegeln. –

Allein sie wird ihres Wunsches ewig nicht gewährt, weil Eigennutz ihn erzeugte; und das Schöne sich nur um sein selbst willen, von der Hand des Künstlers greifen, und willig und folgsam von ihm sich bilden läßt.

Wo sich nun in den schaffenwollenden Bildungstrieb, sogleich die Vorstellung vom *Genuß* des Schönen mischt, den es, wenn es vollendet ist, gewähren soll; und wo diese Vorstellung der erste und stärkste Antrieb unsrer Thatkraft wird, die sich zu dem, was sie beginnt, nicht in und durch sich selbst gedrungen fühlt; da ist der Bildungstrieb gewiß nicht rein: der Brennpunkt oder Vollendungspunkt des Schönen fällt in die *Wirkung* über das Werk hinaus; die Strahlen gehen *auseinander*; das Werk kann sich nicht in sich selber ründen.

Dem höchsten Genuß des aus sich selbst hervorgebrachten Schönen sich so nah zu dünken, und doch darauf Verzicht zu thun, scheint freilich ein harter Kampf – der dennoch äusserst leicht wird; wenn wir aus diesem Bildungstriebe, den wir uns einmal zu besitzen schmeicheln, um doch sein Wesen zu veredlen, jede Spur des Eigennutzes, die wir noch finden, tilgen; und jede Vorstellung des Genußes, den uns das Schöne, das wir hervorbringen wollen, wenn es nun da seyn wird, durch das Gefühl von unsrer eignen Kraft, gewähren soll, so viel wie möglich, zu verbannen suchen: so daß, wenn wir auch mit dem letzten Athemzuge es erst vollenden könnten, es dennoch zu vollenden strebten. –

Behält alsdann das Schöne, das wir ahnden, bloß an und für sich selbst, in seiner Hervorbringung, noch Reiz genug, unsre Thatkraft zu bewegen; so dürfen wir getrost unserm Bildungstriebe folgen, weil er ächt und rein ist. –

Verliert sich aber, mit der gänzlichen Hinwegdenkung des Genusses und der Wirkung, auch der Reiz – so bedarf es ja keines Kampfes weiter – der Frieden in uns ist hergestellt – und das nun wieder in seine Rechte getretne Empfindungsvermögen eröfnet sich, zum Lohne für sein bescheidnes Zurücktreten in seine Grenzen, dem reinsten Genuß des Schönen, der mit der Natur seines Wesens bestehen kann.

Freilich kann nun der Punkt, wo Bildungs- und Empfindungskraft sich schneidet, so äusserst leicht verfehlt und überschritten werden, daß es gar nicht zu verwundern ist, wenn immer tausend falsche, angemaaßte Abdrücke des höchsten Schönen, gegen einen ächten, durch den falschen Bildungstrieb, in den Werken der Kunst entstehen.

Denn da die ächte Bildungskraft, sogleich bei der ersten Entstehung ihres Werks, auch schon den ersten, höchsten Genuß desselben, als ihren sichern Lohn, in sich selber trägt; und sich nur dadurch von dem falschen Bildungstriebe unterscheidet, daß sie den *allerersten* Moment ihres Anstosses durch sich selber, und nicht durch die Ahndung des Genusses von ihrem Werke, erhält; und weil in diesem Moment der *Leidenschaft* die Denkkraft selbst kein richtiges Urtheil fällen kann, so ist es fast unmöglich, ohne eine Anzahl mislungner Versuche, dieser Selbsttäuschung zu entkommen.

Und selbst auch diese mißlungnen Versuche sind noch nicht immer ein Beweiß von Mangel an Bildungskraft, weil diese selbst da, wo sie ächt ist, oft eine ganz falsche Richtung nimmt, indem sie vor ihre Einbildungskraft stellen will, was vor ihr Auge, oder vor ihr Auge, was vor ihr Ohr gehört.

Eben weil die Natur die inwohnende Bildungskraft nicht immer zur völligen Reife und Entwicklung kommen oder sie einen falschen Weg einschlagen läßt, auf dem sie sich nie entwickeln kann; so bleibt das ächte schöne *selten*.

Und weil sie auch aus dem angemaßten Bildungstriebe das Gemeine und Schlechte ungehindert entstehen läßt, so unterscheidet sich eben dadurch das ächte Schöne und Edle, durch seinen seltnen Werth, vom Schlechten und Gemeinen. –

In dem Empfindungsvermögen bleibt also stets die Lücke, welche nur durch das Resultat der Bildungskraft sich ausfüllt. – Bildungskraft und Empfindungsfähigkeit verhalten sich zu einander, wie Mann und Weib. Denn auch die Bildungskraft ist bei der ersten Entstehung ihres Werks, im Moment des höchsten Genusses, zugleich Empfindungsfähigkeit, und erzeugt, wie die Natur, den Abdruck ihres Wesens aus sich selber.

Empfindungsvermögen sowohl als Bildungskraft sind also in den feinern Gewebe der Organisation gegründet, in so fern dieselbe in allen ihren Berührungspunkten von den Verhältnissen des grossen Ganzen der Natur ein vollständiger oder doch fast vollständiger Abdruck ist.

Empfindungskraft sowohl als Bildungskraft umfassen *mehr* als Denkkraft, und die thätige Kraft, worinn sich beide gründen, faßt *zugleich* auch alles was die Denkkraft faßt, weil sie von allen Begriffen, die wir je haben können, die ersten Anlässe, stets sie aus sich herausspinnend, in sich trägt.

In sofern nun diese thätige Kraft alles, was nicht unter das Gebiet der Denkkraft fällt, hervor bringend in sich faßt, heisset sie Bildungskraft: und in sofern sie das, was außer den Grenzen der Denkkraft liegt, *der Hervorbringung sich entgegen neigend* in sich begreift, heißt sie Empfindungskraft.

Bildungskraft kann nicht ohne Empfindung und thätige Kraft, die bloß thätige Kraft hingegen kann ohne eigentliche Empfindungs- und Bildungskraft, wovon sie nur die Grundlage ist, für sich allein statt finden.

In sofern nun diese bloß thätige Kraft ebenfalls in dem feinern Gewebe der Organisation sich gründet, darf das Organ nur überhaupt in alle seinen Berührungspunkten ein Abdruck der Verhältnisse des grossen Ganzen seyn, ohne daß eben der Grad der Vollständigkeit erfodert würde, welche die Empfindungs- und Bildungskraft voraussetzt.

Von den Verhältnissen des grossen Ganzen, das uns umgiebt, treffen nämlich immer so viele in allen Berührungspunkten unsres Organs zusammen; daß wir dies grosse Ganze dunkel in uns fühlen, ohne es doch selbst zu *seyn*: die in unser Wesen hineingesponnenen Verhältnisse jenes Ganzen streben, sich nach allen Seiten wieder auszudehnen: das Organ wünscht, sich nach allen Seiten bis ins Unendliche fortzusetzen. Es will das umgebende Ganze nicht nur in sich spiegeln, sondern so weit es kann, selbst dies umgebende Ganze seyn.

Daher ergreift jede höhere Organisation, ihrer Natur nach, die ihr untergeordnete, und trägt sie in ihr Wesen über. Die Pflanze den unorganisirten Stoff, durch bloses Werden und Wachsen – das Thier die Pflanzen durch Werden, Wachsen und Genuß – der Mensch verwandelt nicht nur Thier und Pflanze, durch Werden, Wachsen und Genuß in sein inneres Wesen; sondern faßt zugleich alles, was seiner Organisation sich unterordnet, durch die unter allen am hellsten geschliffne, *spiegelnde* Oberfläche seines Wesens, in den Umfang seines Daseyns auf, und stellt es, wenn sein Organ sich bildend in sich selbst vollendet, verschönert außer sich wieder dar.

Wo nicht, so muß er das, was um ihn her ist, durch *Zerstöhrung* in den Umfang seines wirklichen Daseyns ziehn, und verheerend um sich greifen, so weit er kann; da einmal die reine unschuldige Beschauung seinen Durst nach ausgedehntem wirklichen Daseyn nicht ersetzen kann.

Mit dem sich angeschliffnen Stahle seines eingeschränkten Daseyns nicht mehr froh, strebt er, ausser sich selber, ein grösseres Ganze, als er selbst, zu seyn; stellt sich, zu einem Volk, zu einem Staat sich bildend, mit Wesen seiner Art zusammen, um Wesen seines gleichen, die sich ihm unterordnend ihm nicht dienen, mit ihm nicht eins seyn wollen, zu zerstören. –

Er steht auf dem höchsten Punkte seiner Wirksamkeit; der Krieg, die Wuth, das Feldgeschrei, das höchste Leben, ist nah an den Grenzen seiner Zerstörung da. –

Kommen dann endlich die strebenden Kräfte wieder in ein glückliches Gleichgewicht; und macht die unruhige Wirksamkeit der stillen Beschauung Platz: so muß nothwendig in dem zum erstenmal in sich versunknen Menschen der Sinn für die umgebende Natur erwachen, die nie zerstört, als wo sie muß, und schonet, wo sie kann. – Er lernt allmälig das *Einzelne im Ganzen*, und in Beziehung auf das Ganze, sehen; fängt die grossen Verhältnisse dunkel an zu ahnden, nach welchen unzählige Wesen auf und ab, so wenig wie möglich sich verdrängen, und doch so nah wie möglich an einanderstossen. –

Dann steigt in seinen ruhigsten Momenten die Geschichte der Vorwelt, das ganze wunderbare Gewebe des Menschenlebens in alle seinen Zweigen vor ihm auf. – In allen, was seine ruhige Einbildungskraft ihm spiegelt, sondert sich das Grosse und Edle vom Gemeinen, nach einem dunkelempfundnen Maaßstabe in ihm selber ab, und strebt aus ihm heraus. –

So geht die um sich greifende, zerstörende Thatkraft, sich auf sich selber stützend, in die sanfte schaffende Bildungskraft, durch ruhiges Selbstgefühl, hinüber, und ergreift den leblosen Stoff, und haucht ihm Leben ein.

Auf die Weise bildete unter jedem Himmelsstrich die Natur das Schöne, sich in den reinsten Seelen in ihren ruhigsten Momenten spiegelnd. –

Sie allein führt an ihrer Hand den bildenden Künstler, den Dichter, in ihr innerstes Heiligthum, wo sie dem sich neu entwickelnden Bildungstriebe, schon seit Jahrhunderten vorgearbeitet, und seine Bahn ihm vorgezeichnet hat.

Denn alles, was die Vorwelt erfunden, ist ja in den Umfang der Natur zurücktretend, mit ihr eins geworden, und soll mit ihr vereint, harmonisch auf uns wirken. – – Das Schöne der bildenden Künste steht, sobald es einmal da ist, mit auf ihrer grossen Stufenleiter, und will nicht mit ihr in ihren einzelnen Theilen verglichen, sondern in ihrem ganzen Umfange, als *zu ihr gehörend*, mitgedacht und empfunden seyn.

Unser Naturgenuß soll durch die Betrachtung des Schönen in der Kunst, verfeinert; und unser Gefühl für das Schöne in der Kunst soll wechselseitig durch den Genuß der schönen Natur *gestärkt*, und zugleich seine Grenzen ihm vorgezeichnet werden.

Strömt dann das Maaß der Empfindung über, und wird zur Bildungskraft, so ahmt es in jedem Einzelnen der Natur nicht mehr das Einzelne, und in dem höchsten Kunstwerke, nicht das Kunstwerk, sondern die grosse Harmonie des mitempfundnen Ganzen nach, das sich in beiden abdrückt.

Der einmal aufgeweckte, ächte Bildungstrieb findet nichts Einzelnes in der Natur, das ganz ihm gnügte; auch selber das höchste Kunstwerk nicht, das, als der erste Abdruck des höchsten Schönen, doch immer nur Abdruck bleibt.

Das bildende Genie will, wo möglich, alle die in ihm schlummernden Verhältnisse jener grossen Harmonie, deren Umfang grösser, als seine eigne Individualität ist, *selbst umfassen*: das kann es nun nicht anders, als *in verschiednen Momenten*, schaffend, bildend, aus seiner eignen eingeschränkten Individualität gleichsam heraus, in ein Werk, das ausser ihm sich darstellt, hinüberschreitend, und mit diesem Werke nun das *um-*

fassend, was seine Ichheit selber vorher nicht fassen konnte.

Allein der Anblick von dem reinsten Abdruck des höchsten Schönen in dem vollkommensten Kunstwerke, mußte dem Bildungstriebe den ersten Anstoß geben, bloß durch Gefühl der *Möglichkeit*, sich in einem Kunstwerke ausser sich selbst zu stellen, und das in einer *Folge von Momenten* bildend und schaffend zu umfassen, was keine Empfindung auffaßt, wofür das Selbstgefühl zu beschränkt ist, und die Ichheit keinen Raum hat.

Und jeder Stoff, den dann die Bildungskraft ergreift, wird jeden nachfolgenden Versuch vereiteln, denselben Stoff zu einem neuen Werke noch einmal eben so schön zu bilden.

Je mehrere Reize der Stoff an sich hat, um destomehr wird es den nachfolgenden Bildungstrieb in Verzweiflung setzen. Der falsche Bildungstrieb wird am ersten darnach haschen; Anfang, Mittel, und Ende tauschen; und dieß verzerrte, entstellte Ganze, das unverzerrt und unentstellt vor ihm schon da war, als sein eignes Werk betrachten, das ihm sein Daseyn dankt.

Dergleichen Nachäffungen des ächten Schönen könnten nie Beifall finden, wenn Empfindungsfähigkeit und Bildungskraft bei ihrer Entwicklung immer gleichen Schritt hielten, und nicht eins der andern ängstlich nach oder vorzukommen strebte: denn da das Empfindungsvermögen, seiner Natur nach, so nah an die Bildungskraft grenzt, daß diese nur gleichsam die letzte Lücke ausfüllt, deren Ausfüllung dem Geschmack zur eignen Hervorbringung des Schönen aus sich selber fehlt; so muß auch die Empfindungsfähigkeit selbst schon den

Sinn für das Schöne haben, das die Bildungskraft hervorbringen soll; sie muß sich mit dieser zugleich, *in ihrem Maasse*, auf gleiche Art entwickeln.

Das Schöne will eben sowohl bloß um sein selbst willen betrachtet und empfunden, als hervorgebracht seyn. – Wir betrachten es, weil es da ist, und mit in der Reihe der Dinge steht; und weil wir einmal betrachtende Wesen sind, bei denen die unruhige Wirksamkeit auf Momente der stillen Beschauung Platz macht.

Betrachten wir das Schöne nicht um sein selbst willen, sondern um erst unsern Geschmack dafür zu bilden, so bekömmt ja eben dadurch unsre Betrachtung schon eine eigennützige Richtung. Unser Urtheil ist uns alsdann mehr werth, als die Sache, worüber wir urtheilen: und statt daß also unsre Beurtheilungskraft, durch ruhige Betrachtung, sich erweitern sollte, wird vielmehr der Gesichtspunkt für das Schöne nach den zu engen Grenzen unsrer Fassungskraft sich verschieben müssen.

Der Geschmack, oder die Beurtheilung des Schönen, gehört ja eben so, wie das Schöne selbst, zu den Sachen, die wir nicht brauchen, sobald wir sie nicht kennen, und nicht entbehren, sobald wir sie nicht haben; deren Bedürfniß erst durch den Besitz entsteht, wo es sich durch sich selbst befriedigt: geht also das Bedürfniß vor dem Besitz vorher, so kann es nicht anders als eingebildet und erkünstelt seyn.

Was uns daher allein zum wahren Genuß des Schönen bilden kann, ist das, wodurch das Schöne selbst entstand; *vorhergegangne ruhige Betrachtung der Natur und Kunst, als eines einzigen grossen Ganzen*, das in allen seinen Theilen sich in sich selber spiegelnd, da den reinsten Abdruck läßt, wo alle Beziehung aufhört, in dem ächten Kunstwerke, das, so wie sie, in sich selbst vollendet, den Endzweck und die Absicht seines Daseyns in sich selber hat. –

Auf die Weise entstand, ohne alle Rücksicht auf Nutzen oder Schaden, den es stiften könnte, das Schöne der bildenden Künste in jeder Art, bloß um sein selbst und seiner Schönheit willen; und konnte auf keine andere Weise entstehen, weil der Begriff der Schönheit selbst schon jede Rücksicht auf Nutzen oder Schaden, seiner Natur nach, ausschließt; und der Begriff des Schädlichen auch bei der wirklichen Hervorbringung des Schönen sich von selbst aufhebt.

Denn suchen wir uns nun noch zuletzt den Begriff des Schädlichen näher zu entwickeln, so ist nur jede unvollkommnere Sache in sofern schädlich, als eine vollkommnere darunter leidet. – Das wirklich Vollkommnere kann daher nie dem Unvollkommnern; dem weniger Organisirten nie das höher Organisirte schaden.

Wir sagen: es ist schade um den Theil der Pflanzenwelt, den die hereinbrechende Fluth verschlingt; aber nicht um den, der, von der lebenden Welt zerstöhrt, in eine höhere Organisation hinüber geht: denn weit mehr Schade, als um die Pflanzenwelt, wäre es um die lebende Welt, wenn sie deswegen aufhören sollte, damit die ganze Pflanzenwelt unbeschädigt bliebe. –

Und weit mehr Schade, als um die unterjochte Thierwelt, wäre es wieder um die Menschenwelt, wenn diese deßwegen nicht statt finden sollte, damit alles übrige in dem Zustande seiner natürlichen Freiheit bliebe. –

So liesse sich nun weiter schliessen, daß es in der Menschenwelt auch mehr Schade um die überwiegende Stärke wäre, wenn diese deswegen nicht statt finden sollte, damit die Schwäche ihre Schwachheit nicht gewahr werde; als es um den schwächern Theil der Menschen schade ist, daß sie der Obermacht des Stärkern weichen, und ihre Schwäche empfinden müssen. –

Und daß es folglich auch wieder um das Schöne, welches am meisten um sein selbst willen da ist, weit mehr Schade wäre, wenn es deswegen vertilgt seyn sollte, damit keine unbefriedigte Sehnsucht dadurch entstehn, und keine thätige Kraft darunter erliegen könne; als es um die thätige Kraft schade ist, die unter der unbefriedigten Sehnsucht endlich erliegen muß; –

Da überdem das Schöne mit dem Leiden, das sein versagter Genuß erweckt, zusammengenommen, in unsrer Vorstellung erst seinen höchsten Reiz erhält, dem durch kein schöneres Opfer, als dieses, kann gehuldigt werden. –

Denn so wie die Liebe die höchste Vollendung unsres empfindenden Wesens ist, so ist die Hervorbringung des Schönen die höchste Vollendung unsrer thätigen Kraft – und die höchste Liebe muß wieder in Hervorbringung, in Zeugung, wo nicht in die süsseste Auflösung des liebenden Wesens hinüber gehn. –

Nun sind freilich die Begriffe von Aufopferung, Liebe und Sehnsucht selber viel zu süß, als daß wir sie wieder entbehren könnten, sobald wir sie einmal haben, oder ihr Daseyn nicht wünschen sollten, sobald wir sie einmal kennen.

Es scheint nichts Höheres zu geben, dem die Aufopferung selbst wieder müßte aufgeopfert werden. – Und das Schöne hinwegwünschen, weil unter ihm die Stärke erliegt, hiesse auch, die Stärke hinwegwünschen, weil unter ihr die Schwäche erliegt; den Menschen, weil er mit zerstöhrender Hand die freie Thierwelt sich unterjocht; die ganze lebende Welt, weil sie unaufhörlich die unschuldige Pflanzenwelt zerstöhrt; und zuletzt auch die leblose Pflanzenwelt, weil sie die unzerstöhrbaren Theile des organisirten Stoffs, aus ihrer natürlichen Gleichheit reißt, und sie, durch die trügerische Bildung und Form zum erstenmale der Zerstöhrung unterwirft.

Das einfachste Pflanzengewebe muß für seinen Raub an den noch einfachern Elementen, schon durch Auflösung und Verwelkung; das geringste Lebende für seinen Raub an dem Organisirten, mit körperlichen Schmerzen und dem Tode; und die Menschheit für den Raub ihres höhern Daseyns, an der ganzen umgebenden Natur, mit den Leiden der Seele büssen. – Und das Individuum muß dulden, wenn die *Gattung* sich erheben soll.

Die Menschengattung aber muß sich heben, weil sie den Endzweck ihres Daseyns nicht mehr ausser sich, sondern in sich hat; und also auch durch die Entwicklung aller in ihr schlummernden Kräfte, bis zur Empfindung und Hervorbringung des Schönen, *sich in sich selber vollenden muß*. – Zu dieser Vollendung aber gehört das duldende Individuum selber mit; dessen Duldung eben, wenn sie vorüber ist, durch die Darstellung zugleich in den höchsten Vollendungspunkt des Schönen mit hinüber geht. –

So löst sich die Duldung in die Erscheinung auf, indem sie da, wo sie wirklich geduldet ward, nicht mehr empfunden, nicht mehr geduldet wird. –

Das individuelle Leiden in der Darstellung, geht in das erhabnere *Mitleiden* über, wodurch eben das Individuum aus sich selbst gezogen, und die Gattung wieder in sich selber vollendet wird.

Höher aber kann die Menschheit sich nicht heben, als bis auf den Punkt hin, wo sie durch das Edle in der Handlung, und das Schöne in der Betrachtung, das Individuum selbst aus seiner Individualität herausziehend, in den schönen Seelen sich vollendet, die fähig sind, aus ihrer eingeschränkten Ichheit, in das Interesse der Menschheit hinüber schreitend, sich in die Gattung zu verlieren.

Ehe sie aber bis dahin sich erhebt, muß die Duldung des Einzelnen vorhergehn. – Die Gattung ist mit dem Individuum, die Erscheinung mit der Wirklichkeit im ewigen Kampfe.

Sobald die Erscheinung in der Gattung, über die Wirklichkeit in dem Individuum gesiegt hat, geht das bitterste Leiden, durch das über die Individualität erhabne Mitleid, in die süsseste Wehmuth über; und der Begriff des höchsten *Schädlichen* in der Wirklichkeit, lößt sich in den Begriff des höchsten Schönen in der Erscheinung, auf.

Und so wie jedes Schöne in der Erscheinung nur in dem Maasse schön ist, als es nicht nützlich zu seyn braucht, so ist es auch nur in dem Maasse schön, als es, wenn es wirklich wäre, schädlich seyn würde; und doch auch wieder nicht schädlich seyn würde – in sofern das Wort *schädlich* von untergeordneten, selbst der Schönheit huldigenden Wesen ausgesprochen wird, die nicht wünschen können, daß das Schöne vertilgt seyn mögte, damit es keine Zerstöhrung anrichte; sondern die

Schuld der Zerstöhrung von der Schönheit ab, auf die Nothwendigkeit der Dinge, oder höhere Mächte wälzen: wie der Greis Priamus beim Homer, der die erhabne, selbst über den durch sie gestifteten Jammer weinende Schönheit, mit sanften Worten tröstet:

> Tochter, du bist nicht, die unsterblichen Götter sind schuldig,
> Welche den traurigen Krieg mir mit Achaja erregten.

Und die zürnenden Trojaner, welche die verderbliche Ursach des Krieges laut verwünschen, können sich nicht enthalten, bei der Ankunft des göttlichen Weibes, sich ins Ohr zu flüstern:

> Wahrlich, sie sind nicht zu schelten, die schön gestiefelten Griechen,
> Und die Trojaner, um solch ein Weib so vieles zu dulden:
> Denn den Unsterblichen gleicht sie an Wuchs und schöner Gebehrde.

Der Kampf muß also durchgekämpft, das grosse Opfer muß dargebracht werden. – Das Geklirr der Waffen, und das Geschrei der Sterbenden muß gen Himmel tönen – Hektor muß fallen, und Hekuba ihr Haar zerraufen. –

Hat dann die Zeit über die Zerstöhrung ihre Furche hingezogen; so nimmt die Nachwelt den Jammer der Vorwelt in ihren Busen auf, und macht ihn, wie ein köstliches Kleinod, sich zu eigen, durch welches der Menschheit ihr dauernder Werth gesichert, und ihre edelste und zarteste Bildung vollendet wird.

Denn in der Duldung liegt der Kern zu jeder höhern Entwicklung; und die Freude selbst nimmt, wo sie am höchsten steigt, von der jungfräulichen Hoffnung und dem geliebten Kummer, mit süssen Thränen, Abschied. – Der freudige Stoff der Dichtkunst löst sich in sich selber, der tragische in der Veredlung unsres Wesens durch das Mitleid, auf.

Je weniger wir nämlich das schadende und vernichtende selbst vertilgt wünschen, und uns dennoch nicht enthalten können, vor der nahen, unvermeidlichen Vernichtung eines Wesens unsrer Art, zu zittern, um desto edler und reiner muß unser Mitleid werden, weil es mit keiner Bitterkeit und keinem Haß gegen die zerstöhrende Obermacht mehr vermischt ist, sondern ganz in sich selbst versunken, sich zu der unaufhaltbaren Thräne ründet, worinn unser ganzes mitleidendes Wesen, aus seinem zartesten Vollendungspunkte, sich aufzulösen und zu zerfliessen strebt.

Wir können aber das vernichtende Vollkommnere in sofern nicht vertilgt wünschen, als wir uns zugleich selbst in ihm doppelt vernichtet fühlen würden. –

Denn in sofern das Schöne alles Mangelhafte von sich ausschließt, begreift es auch alles Wirkliche in sich, das bloß durch sein Mangelhaftes sich von dem Schönen unterscheidet, und eben deswegen sich unwiderstehlich von ihm angezogen fühlt, und mit ihm eins zu seyn strebt, weil es in dem Schönen das Ganze erkennt, von dem es selber nur ein Theil ist.

Indem nun aber das Schöne alles Mangelhafte von sich ausschließt, und alles Wirkliche in sich begreift, ohne doch alles Wirkliche selbst zu seyn, findet es, selbst da, wo es wirklich ist, für jedes Individuum, das mit ihm nicht eins werden kann, immer nur in der Erscheinung statt.

Wenn nun bei diesem Individuum die Empfindung die Thatkraft überwiegt, und also die Thatkraft durch Zerstöhrung sich nicht rächen kann; so muß das Individuum für den Raub, den es durch die Erkenntniß des ihm unerreichbaren Schönen, an seiner Individualität begangen hat, mit Höllenquaalen büssen.

Sysiphus wälzt den Stein – Tantalus lechzt nach der von seinen Lippen ewig weichenden Fluth. –

Allein die Qualen sind nur dem Individuum schrecklich, und werden in der Gattung schön – sobald daher die Gattung in dem Individuum sich vollendet, löst sein Leiden sich von ihm ab, und geht in die Erscheinung, die Empfindung geht in die *Bildung* über – was von dem bildenden Wesen sich zerstöhrt, ist sein Phantom – das veredelte Daseyn bleibt zurück.

Eben diese Erscheinung aber faßt das alles in sich, was die Wirklichkeit hätte zerstöhren müssen, wenn sie nicht die Macht gehabt hätte, es von sich abzulösen, und bildend ausser sich darzustellen. – So wie jedes vollkommne Kunstwerk seinen Urheber, oder was ihn umgiebt, würde zernichtet haben, wenn es sich aus seiner Kraft nicht hätte entwickeln können.

In diesem Punkte treffen also Zerstöhrung und Bildung in eins zusammen – Denn das höchste Schöne der bildenden Künste, faßt dieselbe Summe der Zerstöhrung, *in einander gehüllt*, auf einmal in sich, welche die erhabenste Dichtkunst, nach dem Maaß des Schönen, *auseinander gehüllt*, in furchtbarer Folge uns vor Augen legt.

Ist es nicht die immerwährende Zerstöhrung des Einzelnen, wodurch die Gattung in ewiger Jugend und Schönheit sich erhält?

Und ist es nicht die durch die reinste Imagination zum Gott verkörperte Jugend und Schönheit selbst, welche mit sanftem Geschoß die Menschen tödtet; oder mit Köcher und Bogen zürnend einher tritt, düster und furchtbar, wie Schrecken der Nächte – den silbernen Bogen spannt – und die verderbenden Pfeile in das Lager der Griechen sendet? –

Sobald nämlich in der vollendeten Schönheit die Gattung sich selbst erblickt, kann sie das, worinn sie eigentlich erst sich selbst *besitzt*, nicht anders, als für das größte Kleinod halten, welches in sofern es nicht als Erscheinung, sondern als wirklich betrachtet wird, alles Einzelne aufwiegt.

Weil es nun von jedem als wirklich betrachtet werden kann, so wird das Einzelne dadurch gezwungen, sich wieder unter einander aufzuwiegen, damit sein verhältnißmässiger Werth gegen das Schöne *sichtbar* werde, der sich nicht anders, als durch die Zerstöhrung des Schwächern durch das Stärke, und des Unvollkommnern, durch das Vollkommnere, zeigen kann.

Auf die Weise schreibt die Schönheit der Zerstöhrung selbst ihr edles Maaß vor – wo nicht, so regen die Zähne des Drachen sich in der lockern Erde – die Saat des Kadmus keimt in geharnischten Männern auf, die ihre Schwerdter gegen einander kehren, und ehe vom Streit nicht ruhn, bis ihre Leiber wieder den Boden küssen. –

Weil nun durch die Erscheinung der individuellen Schönheit dieselbe Summe der Zerstöhrung des Einzelnen, in einem kürzern Zeitraume, sichtbar wird, welche zur Erhaltung der immerwährenden Jugend und Schönheit, in der Gattung überhaupt, durch Alter und Krankheit, fast unmerklich ihren Fortschritt hält:

Und weil wir diese Zerstöhrung mit der individuellen Schönheit, durch welche sie unmittelbar bewirkt wird, uns zusammen denken:

So giebt das Schöne, in welches die Zerstöhrung selbst sich wieder auflößt, uns gleichsam ein Vorgefühl von jener grossen Harmonie, in welche Bildung und Zerstöhrung einst Hand in Hand, hinüber gehn.

Und die immerwährende Zerstöhrung des Schwächern durch das Stärkre, und des Unvollkommnern durch das Vollkommnere, scheint uns in eben dem Maasse, wie die unaufhörliche Bildung des Unvollkommnern zum Vollkommnern, dem ewigen Schönen *nachzuahmen*, das, über Zerstöhrung und Bildung selbst erhaben, in der Himmelswölbung und auf der stillen Meeresfläche ruhend, sich uns am reinsten darstellt. –

Allein unser Begriff des Schönen verliert sich zuletzt doch immer wieder in den Begriff der *Nachahmung* von etwas, worinn das Vollendete sich wieder zu vollenden, und unser eignes Wesen, in jeder Äußrung seines Daseyns, uns unbewußt, sich aufzulösen strebt.

Wo nun die Auflösung eines Wesens unsrer Art, am unmittelbarsten durch die schönen Verhältnisse des Ganzen selbst bewirkt wird, und in der edelsten Bildung dieses Wesens selbst sich gründet, da scheinet in der Darstellung seiner Leiden, die immerwährende Auflösung unsres eignen Wesens, auf einige Augenblicke, uns bewußt zu werden, indem uns dünkt, als ob, im schönen Wiederschein herbeigezaubert, ein Stück aus jenem grossen Zirkel vor uns schwebte, in welchen unsre kleinere Laufbahn sich einst verlieren wird. –

So vollendet die Liebe unser Wesen – das erhabnere Mitleid aber blickt thränend auf die Vollendung selbst herab – Weil es Aufhören und Werden, Zerstöhrung und Bildung in eins zusammenfaßt.

Und wenn jemals ein schwacher Schimmer des über Zerstöhrung und Bildung erhabnen Schönen sich uns zeigen kann, so muß es auf dem Punkte seyn, wo es aus der über unserm Haupte schwebenden Zerstöhrung selbst uns wieder entgegen lächelt. –

Das Auge blickt dann, sich selber spiegelnd, aus der Fülle des Daseyns auf. –

Die Erscheinung ist mit der Wirklichkeit, die Gattung mit dem Individuum eins geworden. –

Tod und Zerstöhrung selbst verlieren sich in den Begriff der *ewig bildenden Nachahmung des über die Bildung selbst erhabnen Schönen*, dem nicht anders als, durch *immerwährend sich verjüngendes Daseyn*, nachgeahmt werden kann.

Durch dieß sich stets verjüngende Daseyn, *sind wir* selber.

Daß wir selber *sind*, ist unser höchster und edelster Gedanke. –

Und von sterblichen Lippen, läßt sich kein erhabneres Wort vom Schönen sagen, als: *es ist!*

Die Signatur des Schönen

Als Philomele ihrer Zunge beraubt war, webte sie die Geschichte ihrer Leiden in ein Gewand, und schickte es ihrer Schwester, welche es auseinanderhüllend, mit furchtbarem Stillschweigen die gräßliche Erzählung laß.

Die stummen Charaktere sprachen lauter, als Töne, die das Ohr erschüttern; weil schon ihr bloßes *Daseyn* von dem schändlichen Frevel zeugte, der sie veranlaßt hatte.

Die Beschreibung war hier mit dem Beschriebenen eins geworden – die abgelößte Zunge sprach durch das redende Gewebe.

Jeder mühsam eingewürkte Zug schrie laut um Rache, und machte bei der mitbeleidigten Schwester das mütterliche Herz zum Stein. Keine rührende Schilderung aus dem Munde irgend eines Lebendigen, konnte so, wie dieser stumme Zeuge, würken.

Denn nichts lag ja dem Unglück der weinenden Unschuld *näher*, und war so innig damit verwandt, als eben dieß mühsame Werk ihrer Hände, wodurch sie allein ihr Daseyn kund thun, und ihre Leiden offenbaren konnte.

Eben darum konnte es seiner schrecklichen Wirkung nicht verfehlen. –

So war dem unglücklichen Weibe des Kollatinus nichts näher als ihr Gatte und ihr Vater selbst welche durch die bloße Erzählung ihres beweinenswerthen Schicksals ein ganzes unterdrücktes Volk gegen die Macht der Tyrannei empörten, und die erloschne Freiheitsliebe in aller Busen wieder weckten. Mit seiner eignen unschuldigen Tochter Blut bespritzt, durfte Virginius nur den Mund eröfnen, um alles zur lebhaftesten Theilnehmung an seiner Erzählung hinzureißen – nur durch die einfachste Beschreibung der jammervollen Scene, konnte er dasselbe Volk noch einmahl bewegen, das Joch der Knechtschaft von sich abzuschütteln.

Eben das nahe Band, welches den überlebenden Gatten und Vater an jenes Schlachtopfer der willkürlichen Herrschaft knüpfte, machte daß die Erzählung *zugleich mit der erzählten Sache*, auf die Gemüther würkte, und bis ins innerste sie erschütterte.

Denn aus den theuren Überlebenden flehte der Mund der Todten selbst die menschliche Natur um Mitleid an.

Aber wer kann dem Vater, wer dem Gatten nacherzählen? – Wer so rührend Philomelens Unglück schildern, als das Tuch worin sie selbst es würkte?

Daß sie es in dieß Tuch würkte, macht ja selbst den rührendsten Zug in der Schilderung ihrer Leiden aus.

Und die Beschreibung durch Worte muß sich hier begnügen, daß bloß *anzudeuten*, was durch sein Daseyn selber mehr als Worte, sagt. Wer den Schmerz des Virginius würdig beschreiben wolte, müßte entweder, wie der Schauspieler, streben, auf eine Zeitlang durch ein künstliches Vergessen seiner selbst, und durch das darstellende Mitgefühl fremder Leiden so viel wie möglich, selbst wieder dieser Virginius zu *seyn*. Oder er müßte, wie der bildende Künstler, einem der fliehenden Momente Dauer geben, welcher deswegen am stärksten die Seele erschütterte, weil in allem, was in ihm auf einmal sich dem Auge darstellt, immer eines durch das andere, so wie das Ganze durch sich selber, *redend* und *bedeutend* wird.

Der Geschichtsschreiber hebt, durch die einfache Erzählung des Vorhergehenden und Nachfolgenden einen solchen Moment heraus; durch die simple Erwähnung der Umstände, welche die Begebenheit *veranlassten*; durch die Beschreibung des *Eindrucks*, welchen der Anblick dieser Scene auf die Gemüther machte, und der *wichtigen* Folgen, welche dieser Eindruck nach sich zog.

Durch die Hand des bildenden Künstlers dargestellt, kann Progne, von dem aufgerollten Gewebe ihrer Schwester, auf den neben ihr stehenden schmeichelnden Knaben, einen Blick werfen, der den gräßlichen Vorsatz ihrer Seele schon in dem ersten Augenblick seiner Geburt enthüllt.

Das Vorhergehende und Nachfolgende dieses Moments, in so fern es noch durch Worte bezeichnet werden kann, bestimmt für die Imagination des bildenden Künstlers den Ausdruck, der nun über allen fernern Ausdruck durch Worte erhaben ist, welche eben da aufhören müssen, wo das ächte Kunstwerk anfängt. Denn darinn besteht ja eben das Wesen des Schönen, daß ein Theil immer durch den andern und das Ganze durch sich selber, redend und bedeutend wird – daß es sich selbst erklärt – sich durch sich selbst beschreibt – und also außer dem bloß andeutenden Fingerzeige auf den Inhalt, keiner weitern Erklärung und Beschreibung mehr bedarf.

Sobald ein schönes Kunstwerk, ausser diesem Fingerzeige, noch einer besondern Erklärung bedürfte, wäre es ja eben deswegen schon unvollkommen: denn das erste Erforderniß des Schönen ist ja eben seine *Klarheit*, wodurch es sich dem Auge entfaltet.

Das in die Hülle der Existenz, gleich dem Electrischen Funken, verborgne Schöne findet allenthalben statt, und dient der häßlichsten Oberfläche sehr oft zur Unterlage – wo also die Kunst es auf der Oberfläche darstellen will, muß sie es auch nothwendig *ganz* entwickeln, und es gleichsam aus sich selbst enthüllen.

Wo dann das ächte Schöne sich uns entfaltet, da ist es durch sich selbst die vollkommenste Erklärung der *Vollkommenheit*, die im Innern der Natur verborgen, unter tausend Gestalten lauscht, und mehr oder weniger sich unserm Blick entzieht.

Es ist eine deutliche Beschreibung dessen, was unserer Sterblichkeit nur dunkel ahndet. –

Das Licht, worinn sich uns das Schöne zeigt, kömmt nicht von uns, sondern fließt von dem Schönen selber aus und verscheucht auf eine Weile die Dämmerung um uns her. –

Darum fühlen wir beym Anblick des Schönen unser Herz und unsern Verstand erweitert, weil uns etwas von demjenigen sichtbar und fühlbar zu werden scheint, was immer unsern forschenden Gedanken sich entzieht, welche durch die schwachen Laute der Sprache nur mühsam ihren Kreislauf beschreiben, und immer da in sich selbst wieder zurück fallen, wo sie ihren höchsten Gegenstand zu erreichen hofften. –

Jemehr wir nehmlich, überhaupt beym Anblick der Natur, die Ursach in ihrer Wirkung, das innere Wesen der Dinge in ihren äußren Formen und Gestalten lesen, um desto befriedigter fühlen wir uns, und um desto vollkommner scheint uns das zu seyn, was durch seine äußere Form zugleich sein inneres Wesen uns enthüllt.

Eben darum rührt uns die Schönheit der menschlichen Gestalt am meisten, weil sie die inwohnende Vollkommenheit der Natur am deutlichsten durch ihre zarte Oberfläche schimmern und uns, wie in einem hellen Spiegel, auf den Grund, unseres eigenen Wesens, durch sich schauen läßt.

Die Nacktheit selber, welche jeden Mangel aufdeckt, und jedes andere Thier entstellt, ist bei dem Menschen das höchste Siegel der Vollendung seiner Schönheit, die allein ihrer Blöße sich nicht schämen darf, sondern, wie die Wahrheit keinen andern Schmuck als sich selber kennt. Denn die Nacktheit selbst entsteht ja aus der vollkommensten Bestimmtheit aller Theile, wodurch alles zufällige von der vollendeten Bildung ausgeschloßen wird, und nur das wesentliche auf der Oberfläche erscheint.

Sobald die Bildung nicht in allen Theilen so vollkommen bestimmt und vollendet ist, daß sie das innre Wesen des Gebildeten allenthalben auf seiner Oberfläche durchschimmern läßt, findet auch bei der Entblößung keine eigentliche Nacktheit statt.

Denn die letzte ins Auge fallende Oberfläche ist alsdann immer selbst schon wieder eine Art von Bekleidung, die das innere Wesen uns verdeckt – eben weil alsdann die Bildung nicht vollkommen bestimmt und in sich selbst vollendet ist, sondern durch den Auswuchs von Schuppen, Haar, und Federn, gleichsam *über sich* hinausgeht – und eben dadurch immer mehr an Schönheit und Bedeutsamkeit verliert, bis sie zuletzt in dem unbestimmtesten Wachsthum der Pflanze die harte Rinde um sich her zieht, die den Schatz von Vollkommenheit, den sie umschließt, am neidischten unserm Blick entzieht. So wie sich nehmlich mit der zunehmenden Bestimmtheit alles Ungebildete dem Gebildeten nähert; so nähert sich auch, mit der zunehmenden *Zufälligkeit*, das Gebildete immer mehr dem Ungebildeten.

Denn der Begriff des Unorganisirten ist mit dem Begriff des Zufälligen unzertrennlich verknüpft. –

Der Tropfen *fällt* dem Tropfen, der Staub dem Staube, zu – aber das Gebildete fällt nicht zu sich selber, sondern ist nur insofern gebildet, als es durch die Bestimmtheit seiner Form, sich aus seiner nächsten Umgebung sondert, und das Zufällige von sich ausschließt.

Das Unorganisierte hingegen, welches dem Unorganisierten *zufällt*, wird ungehindert mit ihm eins, und zieht es mit sich zu Boden.

Der Regen strömt in Tropfen, in Flocken fällt der Schnee herab, die zueinanderfallend in eine Masse sich verlieren.

Die Zufälligkeit seiner Bildung drückt den harten Stein zur Erde nieder, und die Bestimmtheit ihrer Form treibt die Pflanze aus dem Schooß der Erde empor.

Mit dem ersten Anfange der Bestimmtheit, und mit der schwächsten Ausschließung des Zufälligen, tritt der *Wachsthum* in die zarte Pflanze, wodurch sie in Blättern und Zweigen sich selbst verjüngt, und ihre erste einfachste Organisation so oft wiederholt, als ihr Wachsthum dauert.

Mit der völligen *Bestimmtheit* der Bildung, und Ausschließung alles Zufälligen, durch das nothwendige Beysammenseyn zweier symmetrischen Hälften, tritt die *Bewegung* in den Embryo, der sich den Feßeln seiner nächsten Umgebung entwindet, eben weil er durch die Ausschließung alles zur Erde drückenden Zufälligen, seinen eigenen Schwerpunkt und die Achse seines Umdrehens in sich selber hat.

Und mit der allervollkommensten *Bestimmtheit* in der Gestalt des Menschen, die bis auf die feinsten Züge sich erstrecket, tritt endlich in dem beweglichsten Theile des Organs, die *redende Stimme* selbst ein, welche als das Resultat der vollkommensten Bestimmtheit nun alles übrige selbst wieder in der Natur *bestimmt*, und durch das Wort ihm seine Grenzen vorschreibt. –

Jemehr auf die Weise aus der harten, umgebenden Hülle das Zarte, Bewegliche sich entwickelt, um desto redender und bedeutender wird es durch sich selber – bis dahin, wo die allerzarteste Beweglichkeit, in dem eigentlichen Werkzeuge der Sprache, selbst zur Sprache wird.

Denn da wo Mund und Wange lächeln, muß auch die Zunge verständlich reden. –

Eintönig rauschen die Blätter des Baumes vom Winde hin und her bewegt. –

Die Nachtigall singt auf seinen Zweigen ihr mannichfaltiges Lied. –

Indes der junge Schäfer an seinen Stamm gelehnt, den Nahmen der Geliebten mit Entzückung ausspricht, oder mit scharfer Spitze der wachsenden Rinde ihn einverleibt. –

Dieser unabänderliche *Nahme* belebt alle übrigen Laute seines Mundes, welche mit den abwechselnden Bewegungen seiner Seele gleichen Schritt halten, und mit der schwellenden Empfindung seines Busens steigen und fallen.

Und ist es nicht derselbe Hauch der Luft, welcher in den Blättern des Baumes rauscht, in der Kehle der Nachtigall zu schmelzenden Tönen, und auf der redenden Lippe des Menschen zum verständlichen Laut sich bildet? –

So ist nun bei dem bloß Wachsenden nichts als seine Bildung, bei dem Lebenden und Athmenden Bildung und Bewegung, bei dem Lebenden und Denkenden aber Bildung, Bewegung, und Laut bestimmt – wodurch das Ganze in Harmonie sich auflößt – das Umfaßende sich wieder selbst umfaßend, mit leisem Tritt auf seiner Umgrenzung wandelt, – und mit dem aufmerksamen Ohre, von der äußersten Zungenspitze, seines Wesens Wiederhall vernimmt. –

Hier ist es also, wo Bildung und Laut sich scheiden. – Durch das redende Organ beschreibt die menschliche Gestalt sich selber in allen *Äußrungen* ihres Wesens – da aber, wo das wesentliche Schöne selbst auf ihrer Oberfläche sich entfaltet, verstummt die Zunge, und macht der weisern Hand des bildenden Künstlers Platz.

Denn da, wo das denkende Gebildete in den äußersten Fingerspitzen sich in sich selbst vollendet, vermag es erst, das Schöne *unmittelbar* wieder außer sich darzustellen. – Indes die Zunge durch eine bestimmte Folge von Lauten jedesmal harmonisch sich hindurch bewegend nur *mittelbar* das Schöne umfaßen kann, in so fern nehmlich die mit jedem Worte erweckten, und nie ganz wieder verlöschenden Bilder, zuletzt eine *Spur* auf dem Grunde der Einbildungskraft zurück laßen, die mit ihrem vollendeten Umriß dasselbe Schöne beschreibt, welches von der Hand des Künstlers dargestellt, auf einmal vors Auge tritt.

Worte können daher das Schöne nicht eher beschreiben, als bis sie in der bleibenden Spur, die ihr vorübergehender Hauch auf dem Grunde der Einbildungskraft zurückläßt, *selbst wieder zum Schönen werden.*

Dieß können sie aber nicht eher werden, als auf dem Punkte, wo die Wahrheit der Dichtung Platz macht, und die Beschreibung mit dem Beschriebenen eins wird, weil sie nicht mehr um des Beschriebenen willen da ist, sondern ihren Endzweck in sich selber hat; und also auch nicht ferner dazu dienen kann, uns eine Sache kenntlich zu machen, die wir noch nicht kennen, indem unsre ganze Aufmerksamkeit mehr auf die Beschreibung selbst, als auf die beschriebne Sache gezogen wird, die wir durch die Beschreibung nicht so wohl kennen lernen, als vielmehr sie in ihr wieder erkennen sollen.

Denn es ist offenbar, daß wir uns bei der Dichtung die Sachen um der Beschreibung willen, bei der Geschichte hingegen die Beschreibung um der Sache willen, jedesmal wieder denken.

Bei der Beschreibung des Schönen durch Worte, müssen also die Worte, mit der Spur, die sie in der Einbildungskraft zurück laßen zusammen genommen, selbst das Schöne seyn.

Und so müßen nun auch bei der Beschreibung des Schönen durch Linien, diese Linien selbst zusammen genommen das Schöne seyn, welches nie anders als durch sich selbst bezeichnet werden kann, weil es eben da erst seinen Anfang nimmt, wo die Sache mit ihrer Bezeichnung eins wird.

Die ächten Werke der Dichtkunst sind daher auch die einzige wahre Beschreibung durch Worte von dem

Schönen in den Werken der bildenden Künste, welches immer nur mittelbar, durch Worte beschrieben werden kann, die oft erst einen sehr weiten Umweg nehmen und manchmal eine Welt von Verhältnißen in sich begreifen müßen, ehe sie auf dem Grunde unsres Wesens dasselbe Bild vollenden können, das von außen auf einmal vor unserm Auge steht.

Man könnte in diesem Sinne sagen: das vollkommenste Gedicht sey, seinem Urheber unbewußt, zugleich die vollkommenste Beschreibung des höchsten Meisterstücks der bildenden Kunst, so wie dieß wiederum die Verkörperung oder verwirklichte Darstellung des Meisterwerks der Phantasie; – wenn wir nur einen Augenblick auf den Grund unsers Wesens schauen, und dort die Spur uns erklären könnten, welche nach Lesung des Homer dieselbe Empfindung des Schönen in uns zurückläßt, die der Anblick des höchsten Kunstwerks unmittelbar in uns erweckt.

So viel fällt demohngeachtet deutlich in die Augen, daß die zurückgelaßne Spur von irgend einer Sache, von dieser Sache selbst so unendlich verschieden seyn könne; daß es zuletzt fast unmöglich wird, die Verwandschaft der Spur mit der Gestalt des Dinges, wodurch sie eingedrückt ward, noch ferner zu errathen. – So wie denn jede sich fortbewegende Spitze einerley Spur zurückläßt, die übrige Gestalt des Dinges, woran sie befindlich ist, mag auch beschaffen seyn wie sie wolle.

Das Allerverschiedenste kann daher immer in der letzten Spur, die es von sich zurückläßt, sich wieder gleich werden; wie denn alles was da ist; sich auf dem Punkte gleich wird, wo seine äußersten Spitzen in unserm Denken zusammentreffen, und dort eine gemeinschaftliche

Spur von sich zurücklaßen, die mit nichts außer sich mehr Ähnlichkeit hat, und eben daher von allem was da ist, ohne Hinderung sagen kann: es ist.

Auf die Weise kann nun auch auf dem Grunde der Einbildungskraft, da, wo die in ihr erweckten Bilder ihre letzte, leiseste Spur zurücklaßen, durch das Zusammentreffen aller dieser Spuren etwas von allen den einzelnen Bildern ganz Verschiednes entstehen, das blos die reinsten Verhältniße in sich faßt, nach welchen das ganz von einander Verschiedne sich um und zu einander bewegt.

Nun giebt es aber in der ganzen Natur keine so sanften und reinen Bewegungen von Linien um und zu einander, als in der Bildung des Auges selbst, in dessen umschatteter Wölbung Himmel und Erde ruht, während daß es das Allerverschiedenste in seinen reinsten Verhältnissen in sich faßt. –

Daher kömmt nichts unter allen Sichtbaren dem Sehenden selbst an Schönheit gleich, und die sanfte Spur des Sehenden in seine ganze Umgebung verhältnißmäßig eingedrückt, ist von allem Sichtbaren allein vermögend, uns unmittelbar Liebe und Zärtlichkeit einzuflößen.

Nun gründet sich aber der Genuß des Schönen stets auf Liebe und Zärtlichkeit, in so fern es uns jedesmal auf eine Weile aus uns selber zieht, und macht, daß wir über seinem Anschaun uns selbst vergessen. –

Da nun unter allem Sichtbaren nichts fähig ist, uns unmittelbar Liebe und Zärtlichkeit einzuflößen, als die reinsten Verhältnisse in der vollendeten Gestalt des Sehenden, so scheinet es, als müßten wir jedesmal diese Verhältniße auf eine oder die andere Weise, in uns oder außer uns wieder erkennen, so oft wir dem Schönen zu huldigen uns gedrungen fühlen.

Und wo könnten auch wohl die unzähligen Widersprüche, die wir im Kleinen und im Großen wahrnehmen; der Druck der Ungleichheit, die Entzweiung des Gleichen; der Raub des Eingreifenden; der Neid des Ausschließenden; die Verdrängung des Mächtigen; die Rachsucht des Verdrängten; die Empörung des Niedrigen; der Fall des Erhabnen; und alle die gegen einander streitenden Kräfte sich endlich in eine sanftere Harmonie verlieren, als in den reinsten Verhältnissen der Bildung, welche zuletzt alle diese Widersprüche in sich selber auflößt und vereinigt? –

In welcher der Druck des Ungleichen seine Tyrannei; die Entzweiung des Gleichen ihre abneigende Feindschafft; der Raub des Eingreifenden seine zerstörende Gewaltsamkeit; der Neid des Ausschließenden, die Verdrängung des Mächtigen ihre Ungerechtigkeit; die Rachsucht des Verdrängten ihre Unversöhnlichkeit, die Empörung des Niedrigen ihren Haß, und der Fall des Erhabnen seine Schmach verliert. –

Wo das Auge, durch die höchste und tiefste seiner Spuren, Stirn und Wange scheidend, den denkenden Ernst vom jugendlichen, lächelnden Leichtsinn sondert; indem es in dunkler Umschattung hinter dem Schimmer der Morgenröthe hervor tritt, und durch die Wölbung von oben seinen Glanz verdeckt; während daß die Scheidung des Gewölbten über ihm in den einander entgegen kommenden Augenbrauen sich sanft zu einander neigend, die Wiedervermählung des Getrennten in jedem unter geordneten Zuge vorbereitet, und der ganzen sich herabsenkenden Umgebung, bis zu den Spitzen der Zehen, die immerwährende Spur von Scheidung und von Wölbung eindrückt.

So sinkt die erhabene Wölbung der Stirn, gerade da, wo sie durch das Emporragende zwischen Auge und Wangen sich am merklichsten fortpflanzt, auf einmal, unbeschadet ihrer Hoheit, bis zu dem leisesten verlohrensten Zuge des Mundes herab, dessen sanftgebogener Rand wiederum auf der stützenden Wölbung des Kinnes ruht, das durch sich selbst emporgetragen, und in sich ruhend, seinen eignen Umriß um sich selber zieht. –

In dieser sanften Hinabsenkung des Gewölbten wird endlich der trennende Zwiespalt, selber doppelt und vierfach schön, weil nur durch ihn die völlige Entfaltung des eingewickelten nach einem bestimmten Maße sich vollenden kann. –

Nach welchem Maße das Auseinandertretende dem sich Entgegenneigenden, das Abspringende dem sich Einfügenden, das sich Entfernende dem sich Annähernden, nichts an Schönheit nachgibt, aus keinem andern Grunde, als weil das Abweichende mit dem sich Entgegenkommenden, die Entfernung mit der Annäherung einerlei nothwendigen Ursprung hat.

Dieser Ursprung ist es, welcher durch keinen bestimmten Laut dem Ohr vernehmbar wird; er bezeichnet sich aber durch die sichtbare Auflösung des Widerspruchs in der sanftesten Trennung des Zusammengefügten, und der innigsten Zusammenfügung des Getrennten.

Die metaphysische Schönheitslinie

Bei dem wahren Künstler muß das Kunstwerk, was er hervorbringen will, gleichsam erst in seiner Seele reif geworden seyn. Ein Reichthum großer und edler Gedanken, die schon seine früheste Kindheit erzeugte, liegt in ihm da.

Diese Gedanken sind aber in den ganzen Zusammenhang aller seiner übrigen weniger edlen und großen Vorstellungen, – und gleichsam in sein Ich verwebt; er findet ein gewißermaßen eigennütziges Vergnügen darin, indem er sie betrachtet, in wie fern sie zu der Vollkommenheit seines Ichs abzwecken.

Indem nun das Maaß dieser großen und edlen Gedanken gleichsam voll ist, so empfindet der Künstler einen Drang sich mitzutheilen, und seine innere Vollkommenheit gleichsam außer sich zu vervielfältigen.

Ein reineres edleres Vergnügen, das sich der Liebe nähert, ahndet ihm dunkel, wenn er seine eigne subjektive Vollkommenheit, in eine objektive, oder seinen Genuß in Anschauen wird verwandelt sehen.

Diese dunkle Ahndung aber *bestimmt* sein Werk noch nicht, sondern nun wirken die großen und edlen Gedanken auf einen besondern Zweck, dem sie sich am leichtesten und natürlichsten unterordnen können, und auf die Weise nicht mehr zerstreut als Mittel zur Vollkommenheit eines größern Ganzen abzwecken, sondern selbst in sich vereinigt, ein Ganzes ausmachen: sie müßen gleichsam eine *Neigung gegen sich selbst erhalten*, und ein Faden nach dem andern muß abgeschnitten werden, der sie mit den übrigen Vorstellungen in der Seele des Künstlers, gleichsam nach einer *äußern Richtung*, zusammen knüpft.

Was in dem Moment der höchsten Reife der großen und edlen Gedanken die lebhafteste und wichtigste Vorstellung in der Seele des Künstlers ist, sey sie auch nur durch zufällige Umstände veranlaßt worden, an diese schließen sich plötzlich alle seine übrigen großen und edle Gedanken, und lösen sich verhältnißmäßig von dem Zusammenhange der übrigen Vorstellungen ab, je mehr sie sich an der einzigen Hauptvorstellung festhalten.

Sobald Homer nur einen Achilles hat, ordnen sich auch schon seine Schlachten, seine Helden, seine großen und edlen Gesinnungen und Charaktere. Alle seine großen und erhabenen Vorstellungen reißen sich jetzt mit einiger Beschwerlichkeit aus dem Zusammenhange seines Denkens gleichsam aus seiner Ichheit heraus, und neigen sich gegen sich selber, um etwas außer ihm bestehendes, in sich Vollendetes zu seyn.

Nun vergißt er auf eine Zeitlang das dunkle Vergnügen, das ihm ahndete, und hat sein Augenmerk nur auf seinen Achilles gerichtet; des Achilles wegen müßen Griechen fallen, des Achilles wegen müßen die übrigen Helden im Dunkeln, und Hektor nur in einem etwas schwächern Lichte als Achilles stehen, damit durch seinen Fall, der Held noch mehr gehoben werde. Der Held wird durch die Begebenheiten, und die Begebenheiten durch den Helden in jedem Augenblick wichtiger.

Wenn das Vergnügen, was der Künstler an seinem Werke selbst empfindet der unmittelbare Zweck desselben wäre, so brauchte er das Große und Edle was einmal in seiner Seele da ist, nicht außer sich darzustellen; denn indem es in seine übrigen Vorstellungen Einfluß hat, und also unmittelbar zu seiner Glückseligkeit abzweckt, macht es ihm ja schon Vergnügen; und er bringt gewissermaßen seinem Werke ein Opfer, indem er den großen und edeln Gedanken eine Neigung gegen einander giebt, wodurch sie während dieser Zeit nicht unmittelbar zu seiner Glückseligkeit abzwecken, indem sie aus dem Zusammenhange seiner Ichheit gleichsam gerissen werden.

In diesem Verstande kann man sagen, daß der Künstler sein Werk aus Liebe zu dem Werke verfertige, indem er sich gleichsam eine Zeitlang für sein Werk aufopfert, sich selbst über dem Werke vergißt.

Die allmälige Neigung der Gedanken gegen einander, oder die allmälige Verwandlung der äußern Zweckmäßigkeit in die innre, oder kürzer das *in sich Vollendete*, scheinet daher der eigentlich *leitende Zweck* des Künstlers bei seinem Kunstwerke zu seyn.

Der Künstler muß suchen, den Zweck, der in der Natur immer außer dem Gegenstande liegt, in den Gegenstand selbst zurückzuwälzen, und ihn dadurch in sich vollendet zu machen.

Dann sehen wir ein Ganzes, wo wir sonst nichts als abzweckende Theile erblicken.

Die Begebenheiten der Iliade würden in einer allgemeinen Weltgeschichte, uns nur in so ferne wichtig seyn, als sie mit dem ganzen Lauf der Dinge zusammenhingen, sie würden sich in das Ganze verschwimmen, ihr Zweck würde immer in ihren Folgen außer ihnen seyn, und wir würden in ihnen nie ein Ganzes überschauen.

Der Dichter schneidet sie gleichsam aus ihrem Zusammenhange heraus, und giebt den Begebenheiten eine Neigung gegen sich selber unter einander, die sie in der Natur nicht haben.

Der Zweck aller dieser Begebenheiten fällt in sie selbst zurück; wir vergessen ihren Zusammenhang mit dem großen Lauf der Dinge, und glauben eine Welt, ein Ganzes von Begebenheiten im Kleinen zu sehen.

Der Dichter schneidet die Fäden ab, wodurch die Begebenheiten eine Neigung außer sich bekommen könnten, er läßt dasjenige weg, was in eine andere Sphäre von Begebenheiten eingreift, er rückt Ursach und Wirkung näher zusammen, als sie es in dem gewöhnlichen Lauf der Dinge sind; eine Mannigfaltigkeit von auseinander fließenden Begebenheiten, die sich kaum in Jahrhunderten zutragen, sehen wir hier in einem kurzen Zeitraume zusammengedrängt.

Damit aber die Abweichungen von der Wahrheit nicht zu auffallend werden, so müssen dieselben allmälig geschehen. Zu jeder weitern Abweichung von der Wahrheit, und zu jeder Ineinanderneigung der Begebenheiten, muß uns der Dichter erst durch eine weniger gewagte, und weniger merkliche vorbereiten, worauf wir unsern Glauben gleichsam stützen können.

Erstlich muß uns etwas vorgestellt werden, was wir an und für sich selber zu glauben nicht abgeneigt sind; dies ist aber ziemlich gleichgültig, weil wir bei den Kunstwerken immer mehr auf die innere, als äußere Wahrheit sehen.

Dann aber muß nicht gleich etwas folgen, was sich etwa alle hundert Jahre einmal in der Folge zuträgt, sondern das Seltnere und Ungewöhnlichere muß durch das Alltäglichere und Gewöhnlichere *allmälig* vorbereitet werden, so daß die wunderbarsten Verkettungen in der Auflösung der Begebenheiten nicht mehr auf eine unangenehme Art auffallend sind, weil die Kunst uns mit sanfter Hand dazu geleitet, und unser Auge gleichsam an das Neue und Auffallende allmälig gewöhnt hat.

Das Einzige wahre in sich Vollendete, ist nur die ganze Natur als ein Werk des Schöpfers, der allein mit seinem Blick das Ganze umfaßt, und den Zweck dieses großen Gegenstandes in ihn selbst zurückwälzt. In so fern also hier Zweck und Mittel zusammen gedrängt eins ausmachen, stellt sich das allerhöchste Schöne nur dem Auge Gottes dar.

Unser umschränkter Verstand sieht in der großen Natur nichts als Mittel, und ahndet nur die Zwecke.

Wenn wir uns die Natur als einen großen Zirckel denken, deßen Theile insgesammt eine Neigung gegen sich selbst haben, um miteinander ein Ganzes auszumachen, so sind uns wegen der unermeßlichen Größe des Umkreises die Krümmungen fast unmerkbar, und wir glauben da allenthalben nichts als grade Linien, oder bloß *abzweckende Mittel* zu sehen, wo doch eine immerwährende Neigung zum Zweck ist, die uns entwischt, weil wir nicht einmal einen so großen Theil des Zirkels überschauen können, der uns eine wirkliche Krümmung darstellte; wir müßen diese Krümmung nur ahnden, nur errathen.

Indem wir nun einen Drang empfinden, das höchste Schöne in der allein in sich selbst vollendeten ganzen Schöpfung nachzuahmen, so geben wir demjenigen was uns in der Natur gerade Linien, oder bloß *abzwe-*

ckende Mittel zu sein scheinen, eine allmälige Neigung gegen sich selber, gleichsam als ob wir in dem großen unermeßlichen Zirkel einen kleineren im verjüngten Maaßstabe nachbilden wollten.

Indem wir uns aber die abzweckenden Mittel in der Natur, als gerade scheinende Linien denken, so müßen wir so viele solcher dicht an einander gränzenden Linien annehmen, als es *abzweckende* Mittel in der Natur giebt.

Soll nun aus dem natürlichen ein Kunstwerk hervorgebracht, oder die höchste Schönheit im verjüngten Maaßstabe dargestellt werden, so muß das gleichsam *negativ*, oder wie durch einen Schattenriß geschehen; indem ich von der ersten gerade scheinenden Linie einen willkürlichen Abschnitt, von der angrenzenden schon einen etwas stärkern, und von der folgenden noch einen etwas stärkern Abschnitt mache, so daß diese Abschnitte der gerade scheinenden dicht an einander gränzenden Linien, wiederum eine anscheinende krumme Linie bilden, die aber im Grunde nur aus lauter Bruchstücken besteht, und nicht in einem fortgehet.

Wir wollen uns also einen unermeßlichen Zirkel in lauter an einander gränzenden Linien denken, und in demselben eine krumme Linie, die im Kleinen einen Theil des großen Zirkels darstellt, indem sie eine Anzahl der eigentlichen Linien des großen Zirkels durchschneidet. So wie nun hier die an einander gränzenden großen Linien durch ihren allmäligen Mangel oder durch ihre stuffenweisen Abschnitte, eine krumme Linie bilden, wodurch sie selbst durchkreutzt werden, diese krumme Linie aber nur etwas Anscheinendes und

Negatives ist; so bekommen auch in den schönen Kunstwerken die abzweckenden Mittel, die wir mit den geradescheinenden aneinander gränzenden Linien verglichen haben, immermehr innre anscheinende Zweckmäßigkeit, jemehr sie äußere wahre Zweckmäßigkeit verlieren, und zuletzt kömmt ein Punkt, wo die äußere Zweckmäßigkeit gänzlich ausgeschlossen, und irgend ein Gegenstand, der in der Natur auch nur Mittel war, selbst zum Zweck gemacht wird, auf welchem sich nun alle die zusammengestellten Mittel wegen des *allmäligen* Abschnitts ihrer äußern Zweckmäßigkeit zu beziehen scheinen.

Je *allmäliger* und je sanfter nun der Übergang dieser Mittel von ihrer äussern Zweckmäßigkeit, zu der anscheinenden innern ist, desto geründeter wird die anscheinende krumme Linie, und ein desto getreuerer Schattenriß der höchsten Schönheit wird sie seyn.

Ginge die anscheinende krumme Linie zu gerade hinunter, so würde das Horazische Ungeheuer herauskommen. Ein Kopf vom Löwen, Schwanz von Fisch, Brüste von einem Weibe; lauter Mittel, wovon die Zwecke in der Natur auf einmal, und auf völlig gleiche Art, ohne allmälige Abstuffung abgeschnitten wären.

Dies kann uns also nicht täuschen, hier ist die fehlende natürliche äußere Zweckmäßigkeit, durch keine anscheinende innere Zweckmäßigkeit ersetzt.

Läuft die krumme Linie zu parallel mit der geraden Linie des großen Cirkels, so kömmt ein langweiliges historisches Gedicht heraus, wo die Erzählung des Trojanischen Krieges von den Eiern der Leda anhebt. Geht die krumme Linie bis über den Punkt, wo von der äußern Zweckmäßigkeit der stärkste Abschnitt statt findet, so daß sich alles in der innern Zweckmäßigkeit verliert, und muß sie nun auf der andern Seite wieder heruntersteigen, wo die Abschnitte wieder abnehmen, und die äußere Zweckmäßigkeit wieder zunehmen muß, so wird das Kunstwerk matt, indem es sich aus seinem immer in sich selbst vollendetem Zusammenhange, in den äußern Zusammenhang der Dinge wieder verschwimmt.

Diese krummen Linien wollen wir also die Schönheitslinien, und die in dem unermeßlichen Zirkel gerade scheinenden Linien die Wahrheitslinien nennen. Die Schönheit wäre also die Wahrheit in verjüngtem Maaßstabe.

Wir können die Wahrheitslinie nicht selber biegen, sondern nur machen, daß sie sich zu biegen scheinet, indem sie mit den hervorstehenden äußersten Spitzen der angränzenden Wahrheitslinien eine krumme Linie bildet, und auf die Weise das Zusammengesetzte vorgestellt wird, als ob es etwas aus einem Stück bestehendes wäre.

Das in sich vollendete, was in der Natur durch die *Succession* bewerkstelligt wird, muß hier auf eine anscheinende Art durch die *Zusammenstellung* hervorgebracht werden. Die eingebildete Schönheitslinie durchkreutzt eine Anzahl Wahrheitslinien, indem sie denselben *allmälig* engere Gränzen vorschreibt, welche Gränzen eben das Wesen der Schönheitslinie ausmachen.

So muß also der Dichter bei einem jeden Dialog im Drama, dasjenige gehörig abzuschneiden wißen, was derselbe, der gewöhnlichen Folge der Dinge gemäß, nun noch ferner in sich fassen müßte; und in jedem folgenden Dialog, muß alles, was gesagt wird, *immer weniger Beziehung* auf irgend etwas anders in der Welt als auf die Katastrophe des Stücks haben; es muß also immer mehr äusserlich Zweckmässiges von jeder Unterredung abgeschnitten werden, je mehr das Drama in sich selbst vollendet seyn, oder innerliche Zweckmässigkeit haben soll.

Je unmerklicher ein Künstler diese Abstufung machen kann, desto vollkommener ist sein Werk. Das Gehörige weglassen ist also eigentlich das wahre Wesen der Kunst, die mehr negativ, als positiv zu Werke gehen muß, wenn sie gefallen soll. Wie jener große Zeichner von sich sagte; er habe einen schönen Kopf mehr durch Auslöschen als durch Zeichnen hervorgebracht.

Die einzelnen Theile in einem schönen Kunstwerke müssen alle aus der Natur genommen, und also wahr seyn, aber ihre Zusammensetzung ist die Schönheit, diese ist also nur eine einzige, dahingegen die Wahrheit mehrfach ist. Je mehrfacher die Wahrheitslinien, welche durch ihre Abstufung die Schönheitslinien bilden, bis auf einen gewissen Punkt, sind, je näher sie aneinander gränzen, desto grössere Ähnlichkeit wird diese mit der unermeßlichen wirklichen Schönheitslinie haben.

Sind der eingeschloßenen Wahrheitslinien aber zu viele, so geht diese Ähnlichkeit wieder verloren: denn die Schönheitslinie weicht von ihrem Urbilde ab, und neigt sich wieder zur Wahrheitslinie.

Wenn ich in einem Drama das Aufeinanderfolgende immer als Ursach und Wirkung ansehen soll, so muß mich der Künstler niemals einen Sprung merken lassen.

Ob ich alsdann gleich das jetzt Gesagte im Dialog auf tausend andere Dinge ziehen könnte, so fühle ich mich doch gedrungen, es auf das folgende zu beziehen, und dasselbe als die Wirkung davon anzusehen, weil gerade so viel äusseres Zweckmässiges von dem Dialog abgeschnitten ist, als nöthig ist mich die zunehmende innere Zweckmässigkeit fühlen zu lassen; und doch immer *nur etwas mehr*, als in dem Vorhergehenden, damit die Schönheitslinie der Wahrheitslinie in so fern ähnlich werde, daß ihre Krümmung so viel wie möglich unmerklich ist, und ich auf die Weise desto leichter und angenehmer getäuscht werde.

Textnachweise

Versuch einer Vereinigung aller schönen Künste und Wissenschaften unter dem Begriff des in sich selbst Vollendeten. *An Herrn Moses Mendelssohn.* Aus: *Berlinische Monatsschrift.* Herausgegeben von F. Gedike und J.E. Biester. Berlin, bey Haude und Spener. Fünfter Band. Januar bis Junius 1785, S. 225–235.

Das Edelste in der Natur. Aus: *Denkwürdigkeiten, aufgezeichnet zur Beförderung des Edlen und Schönen.* Herausgegeben von Carl Philipp Moritz. Berlin, 1786. Bey Johann Friedrich Unger. Erstes Vierteljahr, erstes Stück, S. 5–16. (Seinen Titel erhielt der Text erst bei seiner Wiederaufnahme in: *Die Große Loge oder der Freimaurer mit Wage und Senkblei.* Von dem Verfasser der Beiträge zur Philosophie des Lebens. Berlin, bey Ernst Felisch 1793, S. 74–88.)

Über die bildende Nachahmung des Schönen von Karl Philipp Moritz. Braunschweig 1788. In der Schul-Buchhandlung.

Die Signatur des Schönen. Aus: *Die Große Loge oder der Freimaurer mit Wage und Senkblei.* Von dem Verfasser der Beiträge zur Philosophie des Lebens. Berlin, bey Ernst Felisch 1793, S. 89–111.

Die metaphysische Schönheitslinie. Aus: *Die Große Loge oder der Freimaurer mit Wage und Senkblei.* Von dem Verfasser der Beiträge zur Philosophie des Lebens. Berlin, bey Ernst Felisch 1793, S. 169–184.

Der Herausgeber dankt Joachim Rohloff für die Durchsicht der Texte.

Bibliografie

1. Schriften von Moritz (chronologisch)

Unterhaltungen mit meinen Schülern. Erstes Bändchen. Berlin, 1780. Gedruckt und verlegt von Christ. Sigism. Spener. (Zweite Auflage: Karl Philipp Moritz. *Unterhaltungen mit seinen Schülern.* Berlin, bei Arnold Wever 1783).

»Blunt oder der Gast. Fragment«. Von Carl Philipp Moritz. *Litteratur- und Theater-Zeitung.* No. XXV, XXIX und XXXIII. Berlin, den 17. Juni, 15. Juli und 12. August 1780, S. 385–399, S. 449–456 und 513–527. (Neuerdings in: *Blunt.* Dramen und Prosa. Affoltern a. A. und Frankfurt/M.: Buch 2000 und Zweitausendeins 1994).

Die Dankbarkeit gegen Gott erhöhet unsre Freuden auf Erden. Eine Predigt, in der St. Katharinenkirche zu Braunschweig am 27ten August 1780 gehalten von M. Carl Philipp Moritz, Conrector am Grauen Kloster zu Berlin. Berlin, bey Arnold Wever. 1780.

Kleine Schriften die deutsche Sprache betreffend von M. Carl Philipp Moritz. Conrektor am grauen Kloster zu Berlin. Berlin, bei Arnold Wever 1781. Darin: *Vom Unterschiede des Akkusativ's und Dativ's* oder des *mich* und *mir, sie* und *mir, sie* und *ihnen,* u.s.w. für solche, die keine gelehrte Sprachkenntniß besitzen. In Briefen von M. Carl Philipp Moritz, Conrektor am grauen Kloster zu Berlin. Zweite Auflage. Berlin, bei Arnold Wever. 1781. (Vierte Auflage: *Vom Unterschiede des Accusativs und Dativs*, oder des *mich* und *mir, Sie* und *Ihnen &c.* Nebst einigen andern kleinen Schriften, die deutsche Sprache betreffend, für solche, die keine gelehrte Sprachkenntniß haben. In Briefen von Karl Philipp Moritz. Berlin, bei Arnold Wever, 1798). *Anhang zu den Briefen vom Unterschiede des Akkusativ's und Dativ's* worinn der Unterschied zwischen *für* und *vor* erklärt, und die Ursach gezeigt wird, warum *durch* und *für* immer den Akkusativ, und *von, mir, aus, nach* und *zu*, beständig den Dativ nach sich haben. Nebst einer Erklärung von der wahren Beschaffenheit des Genitiv's, und einem *Vorschlage*, die alten Benennungen *Nominativ, Genitiv*, u.s.w. mit zweckmäßigern zu vertauschen. Von M. Carl Philipp Moritz, Conrektor am grauen Kloster zu Berlin. Berlin, bei Arnold Wever. 1781. *Zusätze zu den Briefen vom Unterschiede des Akkusativ's und Dativ's* von M. Carl Philipp Moritz, Conrektor am grauen Kloster zu Berlin. Berlin, bei Arnold Wever. 1781. *Über den märkischen Dialekt*. In Briefen von M. Carl Philipp Moritz, Conrektor am grauen Kloster zu Berlin. Erstes Stück. Berlin bei Arnold Wever 1781. *Anweisung die gewöhnlichsten Fehler, in Reden, zu verbessern*, nebst einigen Gesprächen von M. Carl Philipp Moritz, Conrektor am grauen Kloster zu Berlin. Als das zweite Stück zu der Abhandlung über den märkischen Dialekt. Berlin, bei Arnold Wever. 1781.

Anweisung zur Englischen Accentuation nebst vermischten Aufsätzen die Englische Sprache betreffend, als ein Anhang zu dessen Tabellen von der englischen Aussprache und Etymologie. Von Carl Philipp Moritz. Berlin, bei Arnold Wever 1781.

Sechs deutsche Gedichte, dem Könige von Preussen gewidmet von C.P. Moritz. Zweite Auflage. Berlin bei Arnold Wever. 1781.

Rede am Geburtstag des Königs bei einer Gesellschaft patriotischer Freunde, den 24. Jan. 1781. C.P. Moritz. Berlin 1781.

»Versuch einer Entwickelung der Ideen, welche durch die einzelnen Wörter in der Seele hervorgebracht werden«. *Berlinisches Magazin der Wissenschaften und Künste*. Ersten Jahrgangs erstes Stück. Berlin 1782, S. 14–21.

Deutsche Sprachlehre für die Damen. In Briefen von Carl Philipp Moritz. Berlin, bei Arnold Wever. 1782. (In späteren Auflagen nur *Deutsche Sprachlehre*. 4. Auflage, Berlin: Sander 1802; Reprint der dritten, verbesserten Auflage, Berlin: Wever 1793, Hildesheim u.a.: Olms 1990; neu hg. v. Petra und Uwe Nettelbeck. Nördlingen: Greno 1988).

»Vorschlag zu einem Magazin einer Erfarungs-Seelenkunde. An alle Verehrer und Beförderer, und an alle Beobachter des menschlichen Herzens, welche in jedem Stande, und in jeglichem Verhältniß, Wahrheit und Glückseligkeit unter den Menschen thätig zu befördern wünschen von Karl Philipp Moriz«. *Deutsches Museum*, Band 1 / 1782, S. 485–503.

Aussichten zu einer Experimentalseelenlehre an Herrn Direktor Gedike von Carl Philipp Moritz. (Bei der Jubelfeier des Werderschen Gymnasiums). Berlin, bei August Mylius 1782.

ΓΝΩΘΙ ΣΑΥΤΟΝ oder Magazin zur Erfahrungsseelenkunde als ein Lesebuch für Gelehrte und Ungelehrte. Mit Unterstützung mehrerer Wahrheitsfreunde herausgegeben von Carl Philipp Moritz. Erster – Zehnter und letzter Band. Berlin, bei August Mylius 1783–1793. (Reprint, hg. v. Anke Bennholdt-Thomsen und Alfredo Guzzoni. Zehn Bände. Lindau i.B.: Antiqua 1978/79; neu hg. v. Petra und Uwe Nettelbeck. Zehn Bände. Nördlingen: Greno 1986).

Reisen eines Deutschen in England im Jahr 1782. In Briefen an Herrn Direktor Gedike von Carl Philip Moriz. Berlin, 1783. bey Friedrich Maurer. (Reprint der zweiten, verbesserten Auflage von 1785, Eschborn bei Frankfurt/M.: Klotz 2000; neueste Ausgabe, mit einem Nachwort von Willi Winkler, München: Süddeutsche Zeitung 2007 (Bibliotheca Anna Amalia); Übersetzung ins Englische, London: Robinson 1795).

»Auch eine Hypothese über die Schöpfungsgeschichte Mosis«. *Berlinische Monatsschrift*. Viertes Stük, April 1784, S. 335–346.

Ideal einer vollkommnen Zeitung. Von Karl Philipp Moriz, Professor am Berlinischen Gymnasium. Berlin, 1784. bey Christian Friedrich Voß und Sohn.

Anton Reiser. Ein psychologischer Roman. Herausgegeben von Karl Philipp Moritz. Vier Theile. Berlin, 1785–1790. bei Friedrich Maurer. (Etliche Ausgaben, u.a. hg. v. Petra und Uwe Nettelbeck. Nördlingen: Greno 1987; hg. v. Wolfgang Martens. Stuttgart: Reclam 2001; hg. v. Christof Wingertszahn. Zwei Teilbände. Tübingen: Niemeyer 2006 (*Sämtliche Werke*. Kritische und kommentierte Ausgabe, hg. v. Anneliese Klingenberg; Band 1); Frankfurt/M.: Fischer 2008. Übersetzungen ins Englische, Französische, Italienische, Japanische und Norwegische).

Englische Sprachlehre für die Deutschen, nebst 3 Tabellen, die englische Aussprache, Etymologie und Wortfügung betreffend von Carl Philipp Moriz. Bei Arnold Wever. Berlin 1784. (5., vermehrte und verbesserte Ausgabe, Berlin: Sander 1801).

Von der deutschen Rechtschreibung. Nebst 4 Tabellen, die deutsche Rechtschreibung, Interpunktion, Deklination, und insbesondere den Unterschied des Akkusativs und Dativs betreffend. Zum Gebrauch der Schulen von Carl Philipp Moritz. Berlin, bei Arnold Wever 1784.

Regeln einer feinen Lebensart und Weltkenntniß. Zum Unterricht für die Jugend und zur Beherzigung für Erwachsene von D. John Trusler. Aus dem Englischen übersetzt mit einer Zugabe von Carl Philip Moritz. Berlin. Bei August Mylius, 1784. (Zweite, von August Rode bearbeitete Ausgabe, Berlin: Mylius 1799).

»*Kabale und Liebe*, ein bürgerliches Trauerspiel in fünf Aufzügen, von Friedrich Schiller«. *Vossische Zeitung*, 21. July 1784.

»Noch etwas über das Schiller'sche Trauerspiel: *Kabale und Liebe*«. Vossische Zeitung, 6. Sept. 1784.

»*Die väterliche Rache, oder Liebe für Liebe*, ein Lustspiel in 4 Aufzügen nach dem Engl. des Congreve«. *Vossische Zeitung*, 16. Nov. 1784.

»Versuch einer Vereinigung aller schönen Künste unter dem Begriff des *in sich selbst Vollendeten*. An Herrn Moses Mendelssohn«. *Berlinische Monatsschrift*. Fünfter Band. Januar bis Junius 1785, S. 225–235.

Denkwürdigkeiten, aufgezeichnet zur Beförderung des Edlen und Schönen. Herausgegeben von Carl Philipp Moritz. Erstes und zweites Vierteljahr. Berlin, 1786. Bey Johann Friedrich Unger.

»Gesichtspunkt«. *Magazin zur Erfahrungsseelenkunde*. Vierten Bandes zweites Stück, 1786, S. 16–19.

Versuch einer kleinen praktischen Kinderlogik welche auch zum Theil für Lehrer und Denker geschrieben ist. Herausgegeben von Carl Philipp Moritz. Professor am Berlinischen Gymnasium. Mit sieben Kupfertafeln von Dan. Chodowiecky. Berlin, bei August Mylius 1786. (Reprint u.d.T. *Kinderlogik*, mit einem Nachwort von Horst Günther. Frankfurt/M.: Insel 1980).

Andreas Hartknopf. Eine Allegorie. Berlin, 1786. bei Johann Friedrich Unger. (Reprint, hg. v. Hans Joachim Schrimpf. Stuttgart: Metzler 1968; neu hg. v. Martina Wagner-Egelhaaf, Stuttgart: Reclam 2001).

Versuch einer deutschen Prosodie. Dem Könige von Preussen gewidmet von Karl Philipp Moriz. Berlin, bei Arnold Wever 1786. (Reprint mit einem Vorwort von Thomas P. Saine, Darmstadt: Wissenschaftliche Buchgesellschaft 1975).

Fragmente aus dem Tagebuche eines Geistersehers. Von dem Verfasser Anton Reisers. Berlin 1787. Bei Christian Friedrich Himburg. (Reprint, hg. v. Hans Joachim Schrimpf, Stuttgart: Metzler 1968; Reprint, hg. v. Lothar Baus, Homburg/Saar: Asclepios 2000).

»Nur der Anfang ist schwer«, in: J.H. Campe, *Kleine Bibliothek*. Zweite Auflage. Vierter Theil. Wolfenbüttel 1787, S. 47–50.

»Die beiden Arbeiter«, in: J.H. Campe, *Kleine Bibliothek*. Zweite Auflage. Vierter Theil. Wolfenbüttel 1787, S. 53f.

»Der Übergang vom Guten zum Bösen«, in: J.H. Campe, *Kleine Bibliothek*. Zweite Auflage. Vierter Theil. Wolfenbüttel 1787, S. 58–60.

»Warnung wider die Verschwendung der Zeit«, in: J.H. Campe, *Kleine Bibliothek*. Zweite Auflage. Vierter Theil. Wolfenbüttel 1787, S. 173–176.

»Geschichte des jungen Alwils«, in: J.H. Campe, *Kleine Bibliothek*. Zweite Auflage. Vierter Theil. Wolfenbüttel 1787, S. 178–183.

»Die Reise durchs Leben«, in: J.H. Campe, *Kleine Bibliothek*. Zweite Auflage. Vierter Theil. Wolfenbüttel 1787, S. 196–207.

»Die große Höhle bei Castelton in dem hohen Peak von Derbishire«, in: J.H. Campe, *Kleine Bibliothek*. Zweite Auflage. Fünfter Theil. Wolfenbüttel 1788, S. 129–141.

»Willich, oder der gute Haushälter«, in: J.H. Campe, *Kleine Bibliothek*. Zweite Auflage. Sechster Theil. Wolfenbüttel 1788, S. 192–207.

Über die bildende Nachahmung des Schönen von Karl Philipp Moritz. Braunschweig 1788. In der Schul-Buchhandlung. (Reprint der Ausgabe Heilbronn und Stuttgart: Henninger und Göschen 1888, Nendeln/Liechtenstein: Kraus 1968).

»In wie fern Kunstwerke beschrieben werden können? Von Herrn Professor Moritz«. *Monats-Schrift der Akademie der Künste und mechanischen Wissenschaften zu Berlin*. Herausgegeben von K.P. Moritz und J.A. Riem. 1. Jahrgang, 2. Band

1788, S. 159–168 und S. 204–210; 2. Jahrgang, 3. Band 1789, S. 3–5.

»Über die Würde des Studiums der Alterthümer«. *Monats-Schrift der Akademie der Künste und mechanischen Wissenschaften zu Berlin*. Herausgegeben von K.P. Moritz und J.A. Riem. 2. Jahrgang, 3. Band, Erstes Stück. 1789, S. 13–17.

»Sind die architektonischen Zierrathen in den verschiedenen Säulenordnungen willkührlich oder wesentlich?«. *Monats-Schrift der Akademie der Künste und mechanischen Wissenschaften zu Berlin*. Herausgegeben von K.P. Moritz und J.A. Riem. 2. Jahrgang, 3. Band, Erstes Stück. 1789, S. 18–24.

»Über die Allegorie«. *Monats-Schrift der Akademie der Künste und mechanischen Wissenschaften zu Berlin*. Herausgegeben von K.P. Moritz und J.A. Riem. 2. Jahrgang, 3. Band, Zweytes Stück. 1789, S. 49–54.

»Vom Isoliren, in Rücksicht auf die schönen Künste überhaupt«. *Monats-Schrift der Akademie der Künste und mechanischen Wissenschaften zu Berlin*. Herausgegeben von K.P. Moritz und J.A. Riem. 2. Jahrgang, 3. Band, Zweytes Stück. 1789, S. 66–69.

»Minerva«. *Monats-Schrift der Akademie der Künste und mechanischen Wissenschaften zu Berlin*. Herausgegeben von K.P. Moritz und J.A. Riem. 2. Jahrgang, 3. Band, Zweytes Stück. 1789, S. 70–73.

»Grundlinien zu einer vollständigen Theorie der schönen Künste«. *Monats-Schrift der Akademie der Künste und mecha-*

nischen Wissenschaften zu Berlin. Herausgegeben von K.P. Moritz und J.A. Riem. 2. Jahrgang, 3. Band, Zweytes Stück. 1789, S. 74–77.

Italien und Deutschland in Rücksicht auf Sitten, Gebräuche, Literatur und Kunst. Eine Zeitschrift, herausgegeben von K.P. Moritz [und Aloys Ludwig Hirt]. (Zwei Ausgaben: 1789/91 und 1792/93).

»Über Mystik«. *Magazin zur Erfahrungsseelenkunde.* Siebenten Bandes drittes Stück, 1789, S. 75f.

»Grundlinien zu einer Gedankenperspektive«. *Magazin zur Erfahrungsseelenkunde.* Siebenten Bandes drittes Stück, 1789, S. 81f.

Über eine Schrift des Herrn Schulrath Campe, und über die Rechte des Schriftstellers und Buchhändlers. Von Karl Philipp Moritz. Berlin, 1789. bei Friedrich Maurer. (Nachdruck in: *Moritz contra Campe.* Ein Streit zwischen Autor und Verleger im Jahr 1787. Hg. v. Reiner Marx und Gerhard Sauder. 2. durchgesehene Auflage. St. Ingbert: Röhrig 1997 (Kleines Archiv des achtzehnten Jahrhunderts, 18))

James Beattie's Grundlinien der Psychologie, natürlichen Theologie, Moralphilosophie und Logik, aus dem Englischen übersetzt und mit Anmerkungen und Zusätzen begleitet von Karl Philipp Moritz, Professor bei der Akademie der bildenden Künste in Berlin. Erster Band. Berlin, 1790. Bei Christian Friedrich Voß und Sohn.

Andreas Hartknopfs Predigerjahre. Berlin, 1790. Bei Johann

Friedrich Unger. (Reprint, hg. v. Hans Joachim Schrimpf. Stuttgart: Metzler 1968; neu hg. v. Martina Wagner-Egelhaaf, Stuttgart: Reclam 2001).

Bemerkungen auf einer Reise durch Flandern, Deutschland, Italien und Frankreich von A[dam] Walker. Aus dem Englischen übersetzt und mit Anmerkungen begleitet von K.P. Moritz. Berlin, bei Christian Friedrich Voss und Sohn 1791.

Götterlehre oder mythologische Dichtungen der Alten. Zusammengestellt von Karl Philipp Moritz. Mit fünf und sechzig in Kupfer gestochenen Abbildungen nach antiken geschnittnen Steinen und andern Denkmälern des Alterthums. Berlin, bei Johann Friedrich Unger, 1791. (Neuere Ausgaben: mit Zeichnungen von W. Herbig, Lahr: Schauenburg 1948; mit einem Nachwort von Wilhelm Haupt, Leipzig: Insel 1966; Bremen: Schünemann 1986; hg. v. Horst Günther, Frankfurt/M., Leipzig: Insel 1999).

Beiträge zur Philosophie des Lebens. Herausgegeben von Carl Philipp Moritz, mit einem Anhang über Selbsttäuschung. Dritte verbesserte Auflage. Berlin, bey Arnold Wever, 1791.

»Über die Vereinfachung der menschlichen Kenntnisse. Eine Rede bey der Aufnahme in die königliche Akademie der Wissenschaften den 13. Oktober 1791«. *Deutsche Monatsschrift*, November 1791, S. 269–272.

Annalen der Akademie der Künste und mechanischen Wissenschaften zu Berlin. Herausgegeben von Karl Philipp Moriz. Königl. Pr. Hofrath und Professor der Theorie der Schönen Künste, wie auch ordentliches Mitglied des Senats der

Akademie der Bildenden Künste zu Berlin. Berlin, 1791. In der Königl. Akademischen Kunst- und Buchhandlung. Darin: »Einleitung«, S. 1–5 und »Über des Herrn Professor Herz Versuch über den Geschmack«, S. 78–85.

Italiänische Sprachlehre für die Deutschen. Nebst einer Tabelle, die italiänische Aussprache und Etymologie betreffend von Karl Philipp Moritz. Berlin, bei Arnold Wever 1791.

»Über die Bildsamkeit der Deutschen Sprache. Eine Rede in der Königl. Akademie der Wissenschaften gehalten am 24sten Januar 1792«. *Deutsche Monatsschrift*. Band 1, 1792, S. 168–172.

»Einfachheit und Klarheit«. *Deutsche Monatsschrift*. Band 1, 1792, S. 34–37.

»Über ein Gemählde von Göthe«. *Deutsche Monatsschrift*. Band 1, 1792, S. 243–250.

»Über die bisherigen Beschäftigungen der akademischen Deputation zur Kultur der vaterländischen Sprache. (Am Geburtstage des Königs den 27 Oktober 1792. in der Akademie der Wissenschaften vorgelesen von K.P. Moritz.)«. *Deutsche Monatsschrift*. Band 1, 1792, S. 282–288.

»Warnung an junge Dichter. Ein Fragment aus Anton Reisers Geschichte«. *Der Neue Teutsche Merkur vom Jahre 1792*. 2. Band, Juni 1792, S. 200–208.

Mythologischer Almanach für Damen. Herausgegeben von Karl Philipp Moritz. Berlin. Bei Johann Friedrich Unger. 1792.

Lesebuch für Kinder von K.P. Moritz als ein Pendant zu dessen ABC Buch, welches zugleich eine natürliche Anleitung zum Denken für Kinder enthält. Berlin, 1792. Bey Christian Gottfried Schöne.

Salomon Maimon's Lebensgeschichte. Von ihm selbst geschrieben und herausgegeben von K.P. Moritz. Berlin, bei Vieweg 1792–1793.

Anna St. Ives [von Thomas Holcroft]. Aus dem Englischen übersetzt von Karl Philipp Moritz. Fünf Theile. Berlin, Bei Johann Friedrich Unger, 1792–1794.

Reisen eines Deutschen in Italien in den Jahren 1786 bis 1788. In Briefen von Karl Philipp Moritz. Drei Theile. Berlin, bei Friedrich Maurer, 1792/93. (Erneut in: *Werke in zwei Bänden*. Band 1. 3. Aufl., Berlin, Weimar: Aufbau 1981).

»Über den Einfluß des Studiums der schönen Künste auf Manufakturen und Gewerbe. (Eine Rede am Geburtsfeste des Königs, im September 1792 in der Akademie der Künste vorgelesen, von K.P. Moritz.)«. *Deutsche Monatsschrift*. Band 1, 1793, S. 38–41.

»Der Dichter im Tempel der Natur«. *Deutsche Monatsschrift*. Band 1, 1793, S. 72–78.

Die symbolische Weisheit der Aegypter aus den verborgensten Denkmälern des Alterthums. Ein Theil der Aegyptischen Maurerey, der zu Rom nicht verbrannt worden. [Von Johann Gottfried Bremer] Herausgegeben von Karl Philipp Moritz. Berlin, in Karl Matzdorff's Buchhandlung 1793.

Die Große Loge oder der Freimaurer mit Wage und Senkblei. Von dem Verfasser der Beiträge zur Philosophie des Lebens. Berlin, bey Ernst Felisch 1793.

»Giebt es eine reine Uneigennützigkeit?« *Deutsche Monatsschrift*. April 1793, S. 268–269.

»Ein Blick auf die verschiedene Zweige der Kunst. (Als eine Ankündigung der öffentlichen Ausstellung von Kunstwerken in Berlin, im Jahre 1793)«. *Deutsche Monatsschrift*. Band 2, 1793, S. 177–179.

»Soll die Mode auch über die Sprache herrschen?« *Deutsche Monatsschrift*. July 1793, S. 221f.

»Milton über Weissheit und Schönheit«. *Deutsche Monatsschrift*. July 1793, S. 244–247.

Leiden der Familie Delborough. Frey nach dem Englischen. Kabinet der neuesten englischen Romane, herausgegeben von K.P. Moritz, 2. Berlin, W. Oehmigke 1793.

Vorbegriffe zu einer Theorie der Ornamente von Karl Philipp Moritz. Mit Kupfern. Berlin, 1793. in Karl Matzdorff's Buchhandlung. (Reprint mit einer Einführung von Hanno-Walter Kruft. Nördlingen: Uhl 1986).

Allgemeiner deutscher Briefsteller, welcher eine kleine deutsche Sprachlehre, die Hauptregeln des Styls und eine vollständige Beispielsammlung aller Gattungen und Briefe enthält. Maurer. Berlin, 1793. (10., gänzlich umgearbeitete Auflage, Berlin: Rücker 1832).

Mythologisches Wörterbuch zum Gebrauch für Schulen von Karl Philipp Moritz. Nach dessen Tode fortgesetzt von Valentin Heinrich Schmidt. Mit dem Bildnisse des Verfassers. Berlin, bei Schöne 1793.

Grammatisches Wörterbuch der deutschen Sprache von Karl Philipp Moritz [fortgesetzt von Johann Ernst Stutz (Band 2), Balthasar Stenzel (Band 3) und Johann Christoph Vollbeding (Band 4)]. Vier Bände. Berlin. Bei Ernst Felisch, 1793–1800. (Reprint in vier Bänden, Hildesheim: Olms 1970).

Vorlesungen über den Styl oder praktische Anweisung zu einer guten Schreibart in Beispielen aus den vorzüglichsten Schriftstellern von Karl Philipp Moritz, Königl. Preußischem Hofrath und Professor, ordentlichem Mitgliede der Königl. Akademie der Wissenschaften und des Senats der Akademie der bildenden Künste zu Berlin. Zwei Theile. Berlin, 1793/94. bei Friedrich Vieweg, dem ältern.

Neues A.B.C. Buch, welches zugleich eine Anleitung zum Denken für Kinder enthält mit Kupfern von Karl Philip Moritz. Professor bei der Academie der bildenden Künste in Berlin. Zweite Auflage. Berlin, 1794. Bei Christian Gottfried Schöne. (Reprint mit den kolorierten Illustrationen von Peter Haas, Frankfurt/M.: Insel 1990. Neueste Ausgabe mit Illustrationen von Wolf Erlbruch, Nachwort von Heide Hollmer. München: Kunstmann 2003; erste französische Übersetzung, Berlin 1793).

Die neue Cecilia. Letzte Blätter, von Karl Philipp Moritz. Zweite Probe neu veränderter deutscher Druckschrift. Berlin, 1794. Bey Johann Friedrich Unger. (Reprint mit einem Nach-

wort von Hans Joachim Schrimpf, Stuttgart: Metzler 1962).
Anleitung zum Briefschreiben für das gemeine Leben. Berlin. Bei Arnold Wever, 1795.

»Bestimmung des Zwecks einer Theorie der schönen Künste. Vom verstorbenen Hofrath Moritz«. *Berlinisches Archiv der Zeit und ihres Geschmacks*. I, März 1795, S. 255f.

Vom richtigen deutschen Ausdruck oder Anleitung die gewöhnlichsten Fehler im Reden zu vermeiden, für solche die keine gelehrte Sprachkenntniß besitzen von Karl Philipp Moritz, Königl. Preuß. Hofrath u. Professor, ordentl. Mitgliede der königl. Akademie der Wissenschaften und des Senats der Akademie der bildenden Künste zu Berlin. Zweite unveränderte Auflage. Berlin 1796. Im Verlage der königl. preuß. akademischen Kunst- und Buchhandlung.

Launen und Phantasien von Carl Philipp Moritz. Herausgegeben von Carl Friedrich Klischnig. Berlin bei Ernst Felisch 1796.

Dreymal drey Worte zur Lehre und Warnung. Eines gewesenen Freymäurers Hinterlassenschaft für seine Brüder. Berlin, bei Friedrich Maurer 1796.

ΑΝΘΟΥΣΑ oder Roms Alterthümer. Ein Buch für die Menschheit. Die heiligen Gebräuche der Römer. Von Karl Philipp Moritz. Mit achtzehn in Kupfer gestochenen Abbildungen nach antiken geschnittenen Steinen und andern Denkmälern des Alterthums. Zweyte, unveränderte Auflage. Berlin, bei Friedrich Maurer, 1797. (Neueste Ausgabe in: *Schriften zur Mythologie und Altertumskunde*. Teil 1, Anthusa oder Roms Alterthümer. Hg. v. Yvonne Pauly. Tübingen: Niemeyer 2005

(Sämtliche Werke. Kritische und kommentierte Ausgabe, hg. v. Anneliese Klingenberg; Band 4)).

»Über den ›Tasso‹ von Goethe«. *Goethe-Jahrbuch*, hg. v. Ludwig Geiger, 2. Bd. Frankfurt: Rütten & Loening 1881, S. 313–315.

Schriften zur Ästhetik und Poetik. Kritische Ausgabe. Hg. v. Hans Joachim Schrimpf. Tübingen: Niemeyer 1962 (Neudrucke deutscher Literaturwerke, hg. v. Richard Alewyn und Rainer Gruenter, Neue Folge, 7).

Werke in zwei Bänden. Berlin, Weimar: Aufbau 1973.

Werke. Drei Bände. Frankfurt/M.: Insel 1981.

Beiträge zur Ästhetik. Hg. und kommentiert von Hans Joachim Schrimpf und Hans Adler. Mainz: Dieterich 1989 (excerpta classica, III).

Werke in zwei Bänden. Hg. v. Heide Hollmer und Albert Meier. Frankfurt/M.: Deutscher Klassikerverlag 1997.

Moritz contra Campe. Ein Streit zwischen Autor und Verleger im Jahr 1787. Hg. v. Reiner Marx und Gerhard Sauder. 2. durchgesehene Auflage. St. Ingbert: Röhrig 1997 (Kleines Archiv des achtzehnten Jahrhunderts, 18).

Gedichte. Hg. v. Christof Wingertszahn. St. Ingbert: Röhrig 1999 (Kleines Archiv des achtzehnten Jahrhunderts, 36).

Sämtliche Werke. Kritische und kommentierte Ausgabe, hg. v.

Anneliese Klingenberg. Tübingen: Niemeyer 2005 ff. (Bislang erschienen: Bd. 4, *Schriften zur Mythologie und Altertumskunde*, Teil 1, *Anthusa oder Roms Alterthümer*, hg. v. Yvonne Pauly, 2005; Bd. 1, *Anton Reiser*, zwei Teilbände, hg. v. Christof Wingertszahn, 2006).

2. Beiträge zu Moritz' Ästhetik (alphabetisch)

Rose-Marie P. Akselrad: »Schiller und Karl Philipp Moritz«, *Monatshefte für deutschen Unterricht*, 45/1953, S. 131–140.

Alo Allkemper: *Ästhetische Lösungen*. Studien zur Karl Philipp Moritz. Habilschrift. München: Fink 1990.

Cord-Friedrich Berghahn: »Ästhetik und Anthropologie in Karl Phillipp Moritz' italienischen Schriften«, *Germanisch-romanische Monatsschrift*, 1/2005, S. 24–43.

Franz Blei: »Karl Philipp Moritz« [1904], in: Ders.: *Porträts*. Hg. v. Anne Gabrisch. Wien u.a.: Böhlau 1987, S. 208–213.

Jörg Bong: »*Die Auflösung der Disharmonien*«. Zur Vermittlung von Gesellschaft, Natur und Ästhetik in den Schriften Karl Philipp Moritz'. Frankfurt/Main, Berlin, Bern u.a.: Lang 1993 (Analysen und Dokumente. Beiträge zur Neueren Literatur, 32).

Mark Boulby: »The Gates of Brunswick. Some Aspects of Symbol, Structure, and Theme in Karl Philipp Moritz's ›Anton Reiser‹«, *The Modern Language Review*, 1/1973, S. 105–114.

Ders.: *Karl Philipp Moritz*. At the Fringe of Genius. Toronto: University Press 1979.

Georg Braungart: »›Intransitive Zeichen‹. ›Die Signatur des Schönen‹ im menschlichen Körper bei Karl Philipp Moritz«, *Rhetorik*, 13/1994, S. 3–16.

Wolfgang Braungart: »Die Geburt der modernen Ästhetik aus dem Geist der Theodizee«, in: Ders. und Gotthard Fuchs, Manfred Koch, Hg.: *Ästhetische und religiöse Erfahrungen der Jahrhundertwenden*. Band 1. Paderborn: Schöningh 1997, S. 17–34.

Bernd Bräutigam: »Konstitution und Destruktion ästhetischer Autonomie im Zeichen des Kompensationsverdachts«, in: Wittkowski, S. 244–263.

Christa Bürger: »Autonomie der Kunst als Kategorie der bürgerlichen Gesellschaft. Zur ästhetischen Theorie von Karl Philipp Moritz und Schiller«, in: Dies.: *Der Ursprung der bürgerlichen Institution Kunst im höfischen Weimar*. Literatursoziologische Untersuchungen zum klassischen Goethe. Frankfurt/M.: Suhrkamp 1977, S. 119–139.

Oliver Cech: *Das elende Selbst und das schöne Sein*. Autonomie des Individuums und seiner Kunst bei Karl Philipp Moritz. Freiburg im Breisgau: Rombach 2001.

Jeon Chang-Bae: »Ästhetische Kunstanschauung bei Goethe und K.Ph. Moritz«, *Goethe-Yongu. Goethe Studien*, 12/2000, S. 207–225.

Edoardo Costadura: »Une Poétique néo classique. K.Ph. Moritz«, *Littérature*, 78/Mai 1990, S. 87–96.

Alessandro Costazza: »Imitatio Naturae in der Poetik der italienischen und der deutschen Aufklärung«, in: Italo Michele Battafarano, Hg.: *Deutsche Aufklärung und Italien*. Bern usw.: Lang 1992 (Forschungen zur europäischen Kultur, 6), S. 87–130.

Ders.: »Karl Philipp Moritz und die tragische Kunst«, in: Fontius/Klingenberg, S. 145–176.

Ders.: »Die anti-psychologische Ästhetik eines führenden Psychologen des 18. Jahrhunderts«, in: Griep, S. 9–30.

Ders.: *Schönheit und Nützlichkeit*. Karl Philipp Moritz und die Ästhetik des 18. Jahrhunderts. Bern, Berlin, u.a.: Lang 1996 (Ricerca di cultura europea / Forschungen zur europäischen Kultur, 10).

Ders.: *Genie und tragische Kunst*. Karl Philipp Moritz und die Ästhetik des 18. Jahrhunderts. Bern usw.: Lang 1999 (Ricerca di cultura europea / Forschungen zur europäischen Kultur, 13).

Max Dessoir: *Karl Philipp Moritz als Aesthetiker*. Dissertationsschrift. Naumburg: Sieling 1889 und Berlin: Duncker 1889.

Wilhelm Dilthey: »Die Einbildungskraft des Dichters«, in: Ders.: *Die geistige Welt*. Einleitung in die Philosophie des Lebens. Abhandlungen zur Poetik, Ethik und Pädagogik. 3., unveränderte Auflage, Leipzig: Teubner 1958, S. 103–241 (Gesammelte Schriften, VI).

Heinz Drügh: »›Eine Summe der Zerstörung, ineinander gehüllt‹. Über Kunst und Wirklichkeit bei Karl Philipp Moritz«, *Lenz-Jahrbuch*, 13/14 / 2004/2007, S. 123–142.

Louis Dumont: »Du piétisme à l'ésthetique. Totalité et hiérarchie dans l'ésthetique de Karl Philipp Moritz«, in: Ders.: *L'idéologie allemande*. France–Allemagne et retour. Paris: Gallimard 1991, S. 93–107.

Eva Johanna Engel: *Carl Philipp Moritz*. A Study of his Ethical and Aesthetic Concepts. Dissertationsschrift. Ann Arbor, Michigan 1954.

Bernhard Fischer: »Kunstautonomie und Ende der Ikonographie. Zur historischen Problematik von ›Allegorie‹ und ›Symbol‹ in Winckelmanns, Moritz' und Goethes Kunsttheorie«, *Deutsche Vierteljahresschrift für Literaturwissenschaft und Geistesgeschichte*, 2/1990, S. 247–277.

Martin Fontius / Anneliese Klingenberg, Hg.: *Karl Philipp Moritz und das 18. Jahrhundert*. Bestandsaufnahmen – Korrekturen – Neuansätze. Internationale Fachtagung vom 23.–25. September 1993 in Berlin. Tübingen: Niemeyer 1995.

Cristina Fossaluzza: *Subjektiver Antisubjektivismus*. Karl Philipp Moritz als Diagnostiker seiner Zeit. Dissertationsschrift. Hannover-Laatzen: Wehrhahn 2006.

Raimund M. Fridrich: *»Sehnsucht nach dem Verlorenen«*. Winckelmanns Ästhetik und ihre frühe Rezeption. Dissertationsschrift. Bern u.a.: Lang 2003.

Hans-Edwin Friedrich: »›Die innerste Tiefe der Zerstörung‹. Die Dialektik von Zerstörung und Bildung im Werk von Karl Philipp Moritz«, *Aufklärung*, 1/1993 (Themenheft »Die Kehrseite des Schönen«, hg. v. Karl Eibl), S. 69–90.

Achim Geisenhanslüke: *Der Buchstabe des Geistes*. Postfigurationen der Allegorie von Bunyan zu Nietzsche. Habilschrift. München: Fink 2003.

Ruth Ghisler: »*Vorbegriffe zu einer Theorie der Ornamente* von K.Ph. Moritz«. *Jahrbuch des Freien Deutschen Hochstifts*. Tübingen: Niemeyer 1970, S. 32–58.

Ursula Goldenbaum: »Ästhetische Konsequenzen des Moritzschen ›Spinozismus‹«, in: Fontius/Klingenberg, S. 111–122.

Wolfgang Grams: *Karl Philipp Moritz*. Eine Untersuchung zum Naturbegriff zwischen Aufklärung und Romantik. Dissertationsschrift. Opladen: Westdeutscher Verlag 1992.

Wolfgang Griep, Hg.: *Moritz zu ehren*. Beiträge zum Eutiner Symposium im Juni 1993. Eutin: Struve 1996 (Eutiner Forschungen, 2).

Paul Guyer: »The perfections of art. Mendelssohn, Moritz, and Kant«, in: Ders.: *Kant and the experience of freedom*. Essays on aesthetics and morality. Cambridge: University Press 1993, S. 131–160.

Annelies Häcki Buhover, Hg.: *Karl Philipp Moritz*. Literaturwissenschaftliche, linguistische und psychologische Lektüren.

Tübingen u.a.: Francke 1994 (Basler Studien zur deutschen Sprache und Literatur, 67).

Jonathan M. Hess: »The art of the body politic. Karl Phillipp Moritz and the invention of art«, in: Anthony Strugnell, Hg.: *Transactions of the Ninth International Congress on the Enlightenment*. Münster 23–29 July 1995. 3 Bde, hier: Band 2. Oxford: Voltaire Foundation 1996 (Studies on Voltaire and the eighteenth century, 346), S. 793–796.

Ders.: *Reconstituting the body politic*. Enlightenment, public culture and the invention of aesthetic autonomy. Dissertationsschrift. Detroit: University Press 1999.

Hans H. Hiebel: »›Autonomie‹ und ›Zweckfreiheit‹ der Poesie bei Jean Paul und seinen Zeitgenossen«, *Jahrbuch der Jean-Paul-Gesellschaft*, 32/33 / 1997/1998, S. 151–190.

Joachim Hubbert: »Karl Philipp Moritz und die Autonomieästhetik«, in: Ders.: *Ästhetik und Gemeinsinn*. Bochum: Brockmeyer 1995 (Untersuchungen zur philosophischen Ästhetik, 4).

Heike Jagla-Laudahn: *Leib, Phantasie und Schrift im Zeitalter der Aufklärung*. Untersuchungen zum Leben und Werk von Karl Philipp Moritz. Dissertationsschrift. Ammersbek bei Hamburg: Verlag an der Lottbek Jensen 1994.

Wolf Kaiser und Gert Mattenklott: »Ästhetik als Geschichtsphilosophie. Die Theorie der Kunstautonomie in den Schriften Karl Philipp Moritzens«, in: Gert Mattenklott / Klaus R. Scherpe, Hg.: *Westberliner Projekt: Grundkurs 18. Jahrhundert*.

Die Funktion der Literatur bei der Formierung der bürgerlichen Klasse Deutschlands im 18. Jahrhundert. Band 1. Kronberg/Ts.: Scriptor 1974 (Literatur im historischen Prozeß. Ansätze materialistischer Literaturwissenschaft. Analysen, Materialien, Studienmodelle, 4/1), S. 243–271.

»Karl Philipp Moritz« [Themenheft], hg. v. Heide Hollmer. *Text + Kritik*, 118/119 / 1993.

Claudia Kestenholz: *Die Sicht der Dinge*. Metaphorische Visualität und Subjektivitätsideal im Werk von Karl Philipp Moritz. Dissertationsschrift. München: Fink 1987.

Dies.: »Karl Philipp Moritz. Eine Theorie des bildlichen Sprechens«, in: Häcki Buhofer, S. 55–76.

Karl Friedrich Klischnig: *Erinnerungen aus den zehn letzten Lebensjahren meines Freundes Anton Reiser*. Als ein Beitrag zur Lebensgeschichte des Herrn Hofrath Moritz. Berlin: Vieweg 1794 (Anton Reiser, fünfter und letzter Theil).

Doris Köhler: *Karl Philipp Moritz und seine organische Kunstauffassung*. Dissertationsschrift. Würzburg: Triltsch 1941.

Alexander Košenina: »Ut pictura poesis. Karl Philipp Moritz besingt Berlin, wie Johann Friedrich Fechhelm es malt«, *Zeitschrift für Germanistik*, 1/2003, S. 157–162.

August Langen: »Karl Philipp Moritz' Weg zur symbolischen Dichtung«, *Zeitschrift für deutsche Philologie*, 81/1962, S. 169–218 und S. 402–440.

Reiner Marx / Gerhard Sauder, Hg.: *Moritz contra Campe*. Ein Streit zwischen Autor und Verleger im Jahr 1789. St. Ingbert: Röhrig 1993 (Kleines Archiv des 18. Jahrhunderts, 18).

Albert Meier: »Im Mittelpunkt des Schönen. Die metaphysische Aufwertung Roms in Karl Philipp Moritz' ›Reisen eines Deutschen in Italien in den Jahren 1786–1788‹«, *Jahrbuch des Wiener Goethe-Vereins* 1992, S. 143–167.

Georg Mein: *Die Konzeption des Schönen*. Der ästhetische Diskurs zwischen Aufklärung und Romantik: Kant – Moritz – Hölderlin – Schiller. Bielefeld: Aisthesis 2000.

Egon Menz: *Die Schrift Karl Philipp Moritzens »Über die bildende Nachahmung des Schönen«*. Dissertationsschrift. Göppingen: Kümmerle 1968 (Göppinger Arbeiten zur Germanistik, 4).

Ders.: »Genuß des wirklichen Lebens. K.Ph. Moritz' Buch über Roms Altertümer«. In: Willmuth Arenhövel, Hg.: Berlin und die Antike. Architektur, Kunstgewerbe, Malerei, Skulptur, Theater und Wissenschaft vom 16. Jahrhundert bis heute. Katalog der Ausstellung des Deutschen Archäologischen Instituts und der Staatlichen Museen Preußischer Kulturbesitz im Schloss Charlottenburg, Große Orangerie. Berlin: Wasmuth 1979, S. 257–272.

Paul Menzer: »Goethe – Moritz – Kant«. *Viermonatsschrift der Goethe-Gesellschaft*, 7/1942, S. 169–198.

Ulrike Morgner: »*Das Wort aber ist Fleisch geworden*«. Allegorie und Allegoriekritik im 18. Jahrhundert am Beispiel von

K.Ph. Moritz' »Andreas Hartknopf: eine Allegorie«. Dissertationsschrift. Würzburg: Königshausen und Neumann 2002.

Dorothea E. von Mücke: »Mirroring the Mirror. Moritz' Theory of Suture«, in: Dies.: *Virtue and the Veil of Illusion*. Generic Innovation and the Pedagogical Project in Eighteenth-Century Literature. Dissertationsschrift. Stanford: University Press 1991, S. 179–191.

Curt Müller: *Die geschichtlichen Voraussetzungen in Goethes Kunstanschauung*. Leipzig: Mayer & Müller 1937, S. 177–203.

Götz Müller: »Die Einbildungskraft im Wechsel der Diskurse. Annotationen zu Adam Bernd, Karl Philipp Moritz und Jean Paul«, in: Hans-Jürgen Schings, Hg.: *Der ganze Mensch*. Stuttgart und Weimar: Metzler 1994, S. 697–723.

Klaus-Detlef Müller: »Karl Philipp Moritz. Lebenswelt und Ästhetik. ›Anton Reiser‹ und das Konzept der Kunstautonomie«, *Études Germaniques*, 1/1995, S. 59–72.

Eduard Naef: *Karl Philipp Moritz*. Seine Aesthetik und ihre menschlichen und weltanschaulichen Grundlagen. Dissertationsschrift. Affoltern a. A.: Weiss 1930.

Uwe Nettelbeck: *Karl Philipp Moritz, Lesebuch*. Nördlingen: Greno 1986.

Ders.: *Karl Philipp Moritz*. Sieben Bände. (Unveröffentlichtes Typoskript; 2000–2006).

Dirk Niefanger: »Melancholie und ästhetischer Genuß.

Landschaft in den ›Reisen eines Deutschen in Italien‹«, *Aufklärung*, 1/1993, S. 15–31.

Reinhard Nikisch: »Karl Philipp Moritz als Stiltheoretiker«, *Germanisch-Romanische Monatsschrift*, 19/1969, S. 262–269.

Günter Niklewski: *Versuch über Symbol und Allegorie (Winckelmann – Moritz – Schelling)*. Dissertationsschrift. Erlangen: Palm & Enke 1979 (Erlanger Studien, 21).

Wilhelm Oehrens: *Über einige aesthetische Grundbegriffe bei Karl Philipp Moritz*. Beitrag zur Geschichte der Aesthetik des 18. Jahrhunderts unter besonderer Berücksichtigung der Abhandlung »Über die bildende Nachahmung des Schönen«. Dissertationsschrift. Hamburg: Christians 1935.

Günter Oesterle: »›Vorbegriffe zu einer Theorie der Ornamente‹. Kontroverse Formprobleme zwischen Aufklärung, Klassizismus und Romantik am Beispiel der Arabeske«, in: Herbert Beck, Peter C. Bol und Eva Maek-Gérard, Hg: *Ideal und Wirklichkeit der bildenden Kunst im späten 18. Jahrhundert*. Berlin: Mann 1984 (Frankfurter Forschungen zur Kunst, 11), S. 120–139.

Eberhard Ostermann: »Der therapeutische Sinn des Kunstschönen bei Moritz«, in: Ders.: *Das Fragment*. Geschichte einer ästhetischen Idee. München: Fink 1991, S. 34–37.

Helmut Pfotenhauer: »›Des ganzen Lebens anschauliches Bild‹. Autobiographik und Symbol bei Karl Philipp Moritz«, *Jahrbuch des Wiener Goethe-Vereins*, 86–88 / 1982–1984, S. 325–337.

Ders.: »›Die Signatur des Schönen‹ oder ›In wie fern Kunstwerke beschrieben werden können?‹ Zu Karl Philipp Moritz und seiner italienischen Ästhetik«, in: Ders., Hg.: *Kunstliteratur als Italienerfahrung*. Tübingen: Niemeyer 1991 (Reihe der Villa Vigoni, 5), S. 67–83.

Ders.: »Klassizismus und Ornament. Die italienischen Verzierungen in der deutschen Kunstdiskussion des 18. Jahrhunderts«, in: Frank-Rutger Hausmann, Hg.: *Italien in Germanien*. Deutsche Italienrezeption von 1750 [bis] 1850. Akten des Symposiums der Stiftung Weimarer Klassik, Herzogin Anna Amalia Bibliothek, Schiller-Museum, 24.–26. März 1994. Tübingen: Narr 1996, S. 37–63.

Wolfgang Rapp: »*Sprachdeuteleyen*«. Mikrologische Ansätze zum Schreibverfahren von Karl Philipp Moritz. Dissertationsschrift. Konstanz 1999.

Peter Rau: *Identitätserinnerung und ästhetische Rekonstruktion*. Studien zum Werk von Karl Philipp Moritz. Dissertationsschrift. Frankfurt/M.: Rita G. Fischer 1983 (Literatur und Kommunikation, 1).

Walther Rehm: *Griechentum und Goethezeit*. Geschichte eines Glaubens. 4. Auflage. Bern und München: Francke 1968, S. 158–161.

Walter Reimers: *Die Resignation in die Kunst*. Studien zur Ästhetik von Karl Philipp Moritz. Dissertationsschrift. Freie Universität Berlin 1970.

Simon Richter: *Laocoon's Body and the Aesthetics of Pain*. Winckelmann, Lessing, Herder, Moritz, Goethe. Detroit: University Press 1992.

Thomas P. Saine: *Die ästhetische Theodizee*. Karl Philipp Moritz und die Philosophie des 18. Jahrhunderts. München: Wilhelm Fink 1971.

Wolfgang Schäffner: »Das Indiz des Schönen. Ästhetische Autonomie und die Dispositive der Macht bei Karl Philipp Moritz und Friedrich Schiller«, in: Inge Baxmann, Michael Franz, Wolfgang Schäffner u.a., Hg.: *Das Laokoon-Paradigma*. Zeichenregime im 18. Jahrhundert. Berlin: Akademie 2000, S. 439–459.

Hartmut Scheible: »Die Begründung der Autonomieästhetik. Karl Philipp Moritz«, in: Ders.: *Wahrheit und Subjekt*. Ästhetik im bürgerlichen Zeitalter. Bern und München: Francke 1984, S. 190–222.

Marion Schmaus: »Das Werden im Vergehen. Die Ästhetisierung der Geschichtsphilosophie bei Herder, Moritz und Hölderlin«, in: Cornelia Blasberg, Franz-Josef Deiters, Hg.: *Geschichtserfahrung im Spiegel der Literatur*. Festschrift für Jürgen Schröder zum 65. Geburtstag. Tübingen: Stauffenburg 2000, S. 22–43.

Ingeborg Schmidt: »Zu Karl Philipp Moritz' Kunstprogrammatik«, in: Erhard Lange, Hg.: *Philosophie und Kunst*. Kultur und Ästhetik im Denken der deutschen Klassik. Weimar: Böhlau 1987 (Collegium philosophicum Jenense, 7), S. 208–214.

Sabine M. Schneider: »Das Ornament als Reflexionsfigur

einer Kunsttheorie am Beginn der Moderne. Karl Philipp Moritz' ›Vorbegriffe zu einer Theorie der Ornamente‹«, in: Harald Tausch, Hg.: *Historismus und Moderne*. Beiträge zu einer Tagung im Schloß Zeilitzheim bei Volkach 1994. Würzburg: Ergon 1996 (Literatura, 1), S. 19–40

Dies.: *Die schwierige Sprache des Schönen*. Moritz' und Schillers Semiotik der Sinnlichkeit. Würzburg: Königshausen & Neumann 1998.

Dies.: »Kunstautonomie als Semiotik des Todes? Digressionen im klassizistischen Diskurs der schönen Menschengestalt bei Karl Philipp Moritz«, *German Life and Letters*, 2/1999, S. 166–183.

Dies.: »Zwischen Klassizismus und Autonomieästhetik der Moderne. Die Ornamentdebatte um 1800 und die Autonomisierung des Ornaments«, *Zeitschrift für Kunstgeschichte*, 63/2000, S. 339–357.

Elliott Schreiber: »Towards an aesthetics of the sublime ›Augenblick‹. Karl Philipp Moritz reading Goethe's ›Die Leiden des jungen Werthers‹«, in: Evelyn K. Moore und Patricia Anne Simpson, Hg.: *The Enlightened Eye*. Goethe and visual culture. Amsterdam: Rodopi 2007, S. 193–217.

Hans Joachim Schrimpf: »Vers ist tanzhafte Rede. Ein Beitrag zur deutschen Prosodie aus dem achtzehnten Jahrhundert«. In: William Foerste und Karl Heinz Borck, Hg.: *Festschrift für Jost Trier zum 70. Geburtstag*. Köln, Graz: Böhlau 1964, S. 386–410

Ders.: »W.H. Wackenroder und K.Ph. Moritz. Ein Beitrag zur frühromantischen Selbstkritik«, *Zeitschrift für deutsche Philologie*, 4/1964, S. 385–409.

Ders.: »Die Sprache der Phantasie. K.Ph. Moritz' Götterlehre«. In: Heinz Otto Burger, Hg.: *Begriffsbestimmung der Klassik und des Klassischen*. Darmstadt: Wissenschaftliche Buchgesellschaft 1972 (Wege der Forschung, CCX), S. 272–305.

Ders.: »Ästhetik und Poetik«, in: Ders.: *Karl Philipp Moritz*. Stuttgart: Metzler 1980, S. 94–117.

Frank Schüre: *Ästhetische Wegweiser durch eine »Hölle von Elend«. Der »Anton Reiser« von Karl Philipp Moritz*. Dissertationsschrift. München: Fink 1997.

Jutta van Selm: »Mengs, Moritz, Goethe. Aspects of a ›Roman‹ aesthetic theory«, in: Richard Critchfield, Hg.: *Eighteenth-century Germany authors and their aesthetic theories*. Literature and the other arts. Columbia: Camden 1988 (Studies in German literature, linguistics, and culture, 2), S. 77–101.

Annette Simonis: »›Das Schöne ist eine höhere Sprache‹. Karl Philipp Moritz' Ästhetik zwischen Ontologie und Transzendentalphilosophie«, *Deutsche Vierteljahresschrift für Literaturwissenschaft und Geistesgeschichte*, 3/1994, S. 490–505.

Bengt Algot Sørensen: »Die Autonomie des Symbols«, in: Ders.: *Symbol und Symbolismus in den ästhetischen Theorien des 18. Jahrhunderts und der deutschen Romantik*. Kopenhagen: Munksgaard 1963, S. 71–85.

Uwe C. Steiner: »Karl Philipp Moritz«, in: Monika Betzler und Julian Nida-Rümelin, Hg.: *Ästhetik und Kunstphilosophie. Von der Antike bis zur Gegenwart in Einzeldarstellungen.* Stuttgart: Kröner 1998, S. 565–568.

Martin Stern: »Goethes weniger glücklicher Bruder. Karl Philipp Moritz – Leben, Werk, Ästhetik«, in: Häcki Buhofer, S. 13–35.

Peter Szondi: »Antike und Moderne in der Ästhetik der Goethezeit«, in: Ders.: *Poetik und Geschichtsphilosophie I.* Dritte Auflage. Frankfurt/M.: Suhrkamp 1980, S. 13–265, zu Moritz S. 82–98.

Tzvetan Todorov: »La crise romantique«, in: Ders.: *Théories du symbole.* Paris: Seuil 1977, S. 179–260 (Deutsche Übersetzung von Beat Gyger: *Symboltheorien.* Tübingen: Niemeyer 1995, S. 143–160).

Hans Rudolf Vaget: »Das Bild vom Dilettanten bei Moritz, Schiller und Goethe«. *Jahrbuch des Freien Deutschen Hochstifts.* Tübingen: Niemeyer 1970, S. 1–31.

Freyr Roland Varwig: »›L'Iphigenie‹ de Goethe et la ›Prosodie‹ de Karl Philipp Moritz«, in: M. Corvin, Hg.: *Goethe et les arts du spectacle.* Actes du colloque de Francfort, 1982. Bron: CERTC (Centre d'études et de recherches théâtrales et cinématographiques) 1985, S. 123–146.

Roberto Venuti: »La ›segnatura del bello‹. Note per una genealogia delle poetiche romantiche«, *Studi Germanici*, 19/20 / 1981/1982, S. 81–100.

Silvio Vietta: »Der kritische Phantasiebegriff im reflexiven Medium des Romans der Spätaufklärung. Karl Philipp Moritz' ›Anton Reiser‹«, in: Ders.: *Literarische Phantasie*. Theorie und Geschichte. Barock und Aufklärung. Stuttgart: Metzler 1986, S. 223–241.

Christine Wagner: *Erfahrung und Ästhetisierung*. Untersuchungen zu Karl Philipp Moritz: »Reisen eines Deutschen in England im Jahr 1782«. Magisterarbeit. Regensburg: (Selbstverlag) 1997.

Erdmann Waniek: *Moritz – Wackenroder*. Zur Problematisierung des künstlerischen Bewußtseins. Dissertationsschrift. Oregon 1973.

Ders.: »Karl Philipp Moritz's Concept of the Whole in his ›Versuch einer Vereinigung ...‹ (1785)«, *Studies in Eighteenth-Century Culture*, 12/1983, S. 213–222.

Nadja Wick: *Apotheosen narzisstischer Individualität*. Dilettantismus bei Karl Philipp Moritz, Gottfried Keller und Robert Gernhardt. Dissertationsschrift. Bielefeld: Aisthesis 2008.

Wolfgang Wittkowski, Hg.: *Revolution und Autonomie*. Deutsche Autonomieästhetik im Zeitalter der Französischen Revolution. Ein Symposium. Tübingen: Niemeyer 1990.

Kurt Wölfel: »Zur Geschichtlichkeit des Autonomiebegriffs«, in: Walter Müller-Seidel u.a., Hg.: *Historizität in Sprach- und Literaturwissenschaft*. Vorträge und Berichte der Stuttgarter Germanistentagung 1972. München: Fink 1974, S. 563–577.

Jan Wolter: »Ästhetisches Naturerlebnis und Theorie des Schönen bei Karl Philipp Moritz«, *Zeitschrift für deutsche Philologie*, 3/1978, S. 585–616.

Martha Woodmansee: »The Interests in Disinterestedness. Karl Philipp Moritz and the Emergence of the Theory of Aesthetic Autonomy in Eighteenth-Century Germany«, *Modern Language Quarterly*, Band 45, 1/(März) 1984, S. 22–47 (erneut in: Dies.: *The Author, Art, and the Market. Rereading the History of Aesthetics.* New York: Columbia University Press 1994).

Junji Yamamoto: »Fr. v. Schiller und K.Ph. Moritz. Das Problem der ›ästhetischen Autonomie‹«, *Jahresberichte des deutschen Germanistischen Instituts der Kwanseigakuin-Universität* (Kegahara), 34/1993, S. 35–60.

Ders.: »Von K.Ph. Moritz zu Wackenroder. Der Weg der Frühromantik«, *Jahresberichte des deutschen Germanistischen Instituts der Kwanseigakuin-Universität* (Kegahara), 39/1998, S. 1–18.

Ders.: »K.Ph. Moritz' Kritik am ›falschen Kunsttrieb‹ und ihr Einfluß auf Goethes und Schillers Dilettantismus-Diskussion«, *Doitsu Bungaku. Die deutsche Literatur*, 103 / Herbst 1999, S. 142–149.

Ulrike Zeuch: »›Kraft‹ als Inbegriff menschlicher Seelentätigkeit in der Anthropologie der Spätaufklärung (Herder und Moritz)«, *Jahrbuch der Deutschen Schillergesellschaft*, 43/1999, S. 99–122.

Nachwort

>»Donnez, Seigneur, la force d'être inutile!«
>(Paul Valéry)

Viel Schlechtes wird der Autonomieästhetik nachgesagt. Sie sei die Kunstdoktrin des Bürgertums, unpolitisch, dafür ideologisch, elitär, ja snobistisch, unsensibel, selbstgefällig, autoritär, patriarchalisch, papieren, kalt, aber auch pseudoreligiös und mystisch. An den Vorwürfen ist etwas dran, jedenfalls fallen einem zu jedem dieser bösartigen Epitheta ein Buch, ein Gemälde, ein Künstler oder ein Denker ein, meist mehrere. Und doch macht einen die Schmähung, jedenfalls wenn sie so unspezifisch und unhistorisch vorgetragen wird, stutzig. Autonomie der Kunst war eine Forderung des Bürgertums, das stimmt – aber welches Bürgertums?

Die großen Mäzene unserer Tage können mit diesem Bürgertum nicht mehr gemeint sein, denn sie interessieren sich für nichts mehr als für Wirkung: die prächtige Sammlung, den Scoop, die Spitzenwerte von Hauser & Wirth, den Skandal, die Presse, den politischen Anstoß. Wie auch immer, Wirkung. Nehmen wir der Einfachheit halber an, dass die einzige große Widersacherin der Autonomieästhetik die Wirkungsästhetik ist, ja dass alle Ästhetiken auf diesen einen Gegensatz sich zurückführen lassen: Autonomie vs. Wirkung. Die einen wollen das Kunstwerk ohne Wenn und Aber, die anderen, ob nun Brecht, Duchamp oder Gottschalk, wollen den Effekt. Wenn das aber so ist, dann hat die Wirkungsästhetik den Sieg davongetragen.

Denn gibt es noch den schwärmerischen Spießer, der den Kunstfetisch um seiner selbst willen hegt? Wo sind die Puristen, denen Pressekonferenzen, Vernissagen, Rankings, Feuilletonbesprechungen, Manifeste, politische Demonstrationen uninteressant und immer schon zu viel sind? Jedenfalls hat man von ihnen lange nichts mehr gehört. Alle andern träumen von der größtmöglichen Aufmerksamkeit. Und selbst die Kulturpessimisten treten heute im Fernsehen auf und sind damit Teil des großen Spektakels, das zu verachten sie vorgeben. Kunst, die am Anfang Teil des Kultes war, ist Teil der Kommunikation geworden. Sie war Mittel zum Zweck und ist wieder Mittel zum Zweck geworden, womit nichts gegen die Zwecke gesagt sein soll, nicht gegen alle jedenfalls.

Dagegen wünschte die Autonomieästhetik, dass Mittel und Zwecke der Kunst einerlei seien, dass sie um ihrer selbst willen bestehe, dass sie nicht kommuniziere, sondern schweige, dass sie keinen andern Sinn stifte als den, da zu sein. Das Schöne muss nur schön sein, nichts weiter. Die Idee ist, zumindest in dieser extremen Zuspitzung, absolut neu, sie hat keine Vorläufer in Antike und Mittelalter, nicht in der Renaissance und schon gar nicht in der Aufklärung. Ihr Urheber heißt Karl Philipp Moritz (1756–1793).

Vor Kant und seinem poetischen Dolmetsch Schiller und weitaus radikaler als sie, lange vor der *art pour l'art* von Victor Hugo und Théophile Gautier und allen, die ihnen im 19. und 20. Jahrhundert folgen sollten, arbeitete Moritz eine Ästhetik aus, die die Kunst von allen gesellschaftlichen Ansprüchen, ob hohen oder niederen, moralischen oder amoralischen, politischen oder unpolitischen, freihält. Kunst sollte nicht mehr nützlich sein, ja die Schönheit erschien Moritz als unvereinbar mit Nützlichkeit, unvereinbar sogar mit Sinn und Kommunikation.

Moritz war der Begründer dieser bürgerlichen Kunstanschauung. Er selbst aber war kein Bürger, er stammte aus niederen, armen, engen Verhältnissen, wenn es ihm auch gelang, sich emporzuarbeiten. Er gehörte zu den ersten freien Schriftstellern in Preußen, er war ein viel beschäftigter und aus Not viel zu viel schreibender Journalist, eine gelehrte Honorarkraft, ein Herausgeber von Zeitschriften, ein eiliger Verfasser und Kompilator von Ratgebern und Reiseführern, Grammatiken und Wörterbüchern, Romanübersetzungen und Kinderbüchern. Er schuf also keineswegs die Kunst, die er propagierte. Ganz im Gegenteil – fast alles, was er hervorbrachte, war nützlich, beratend, belehrend, abhängig, nichts steht für sich, nichts ist in sich selbst vollendet. Und wenn es ein Kunstwerk von ihm gibt, das seinen ästhetischen Vorstellungen einigermaßen nahekommt, ist es seine ästhetische Hauptschrift selbst, *Über die bildende Nachahmung des Schönen* (1788).

Wer zuerst das Kind kennenlernt, erwartet einen andern Vater, vielleicht einen Eremiten, einen finstern Schöngeist, gewiss nicht diesen Hans-Dampf-in-allen-Gassen. Man hat Moritz' Ästhetik aus seiner Freundschaft mit Goethe, aus religiösen, psychologischen und anthropologischen Motiven erklärt. Von diesem Widerspruch aber ist in der inzwischen gewaltig angeschwollenen Sekundärliteratur nichts zu lesen: Ein zutiefst Abhängiger fordert die unabhängige Kunst.

Die Vermutung scheint plausibel, dass das eine, die Abhängigkeit, den Wunsch nach dem andern, der Unabhängigkeit, erklärt. Die Entstehungsgeschichte dieses epochemachenden Aufsatzes legt zumindest einen Zusammenhang nahe. Denn als Moritz nach Italien abreiste, wo die *Bildende Nachahmung* entstand, geschah dies keineswegs mit dem Auftrag, der Schönheit und der brotlosen Kunst zu huldigen.

Im Herbst des Jahres 1786 sammelte er Geld für seine Reise. Er stand bereits in Verbindung mit den Verlagen Himburg, Maurer, Mylius, Unger, Wever und Voß. Aber den größten Teil der Reisekosten sollte der Vorschuss eines Verlegers decken, mit dem er ebendeshalb in geschäftliche Verbindung eingetreten war: Joachim Heinrich Campe (1746–1818), der bekannte Reformpädagoge. Im August suchte Moritz Campe auf dessen Einladung hin in Salzdahlen auf, versprach ihm ein Werk über die römische Antike (es erschien 1791 unter dem Titel *ΑΝΘΟΥΣΑ oder Roms Alterthümer*) und später auch eine Reisebeschreibung (*Reisen eines Deutschen in Italien*, drei Bände, 1792/93), erhielt von ihm 150 Taler und auch in den Monaten darauf noch kleinere Summen. Doch der unermüdliche Vielschreiber Moritz schickte Campe monatelang kein einziges Blatt zum geplanten Buch.

Den Verleger scheint dies zunächst kaum beunruhigt zu haben; er druckte in seiner *Kleinen Bibliothek* ein Feuilleton Moritz' nach dem andern und hielt sich so schadlos. Außerdem erwartete er ja ein umfassendes und gut verkäufliches Werk über italienische Kunstgeschichte und römisches Altertum von einem Autor, der sich zwar schon mit allem Möglichen, aber damit noch nicht befasst hatte. Irgendwann wurde er doch ungeduldig, drängte Moritz, der ihm schließlich 1788 dürftige zwei Blätter für das Buch über die *Alterthümer*, aber auch eine vollständige Abhandlung schickte, die allerdings nie Teil der Abmachung gewesen war: *Über die bildende Nachahmung des Schönen*. Campe las von ihr bloß den Anfang, der ihm recht gut gefiel, und gab die kleine Schrift kurzerhand in Druck. Doch auf der Michaelismesse blieb er auf dem Büchlein sitzen, und noch ein Jahr später lag es, so Campe, »wie Blei auf unserm Lager da«, etliche Exemplare erhielt der Verleger als Remittenden »mit Protest« zurück. Heute würden wir sagen: ein voller Erfolg, aber Campe war eben doch Verleger und nicht Verrückter.

Er las nun auch den Schluss der *Bildenden Nachahmung*, verstand ihn »beinahe«, fand ihn jedoch reichlich »phantasirend«, wie übrigens viele Leser nach ihm, darunter Friedrich Schiller und August Wilhelm Schlegel. Campes Unwillen gegen den Schriftsteller, der weder das gelehrte Antikenbuch noch den populären Reiseführer, dafür aber eine schwer verständliche und vor allem unverkäufliche Abhandlung geliefert hatte, wuchs erheblich, und er fragte sich, wie er die »bekannte Klugheitsregel, daß man mit excentrischen, geniesüchtigen Leuten sich in keine Verbindung einlassen solle«, jemals hatte verletzen können. Also schrieb er Moritz:

Ihre Abhandlung über das Schöne hat gar kein Glück gemacht; die Ursache liegt in dem eigenthümlichen Ihrer phantasirenden Philosophie, wobey Ihnen wenig Menschen folgen können, noch weniger folgen mögen. Wird Ihr Buch über die Alterthümer dasselbe Gepräge bekommen, so wird es sicher auch das nemliche Schicksal haben.

Mit viel Empfindlichkeit und einigem Recht legte Moritz diese Zeilen so aus, als wolle Campe die Italienbücher gar nicht mehr haben. Er zahlte ihm den Vorschuss vollständig zurück und sagte sich öffentlich von ihm los. Daraufhin ließ Campe ein Pamphlet erscheinen, das nicht nur Moritz' Vorwürfe zu widerlegen sucht, sondern »seine Person und seinen Character« angreift. *Moritz. Ein abgenöthigter trauriger Beitrag zur Erfahrungsseelenkunde* (1789) hieß die Broschüre – anspielend auf Moritz' *Magazin zur Erfahrungsseelenkunde*, die erste psychologische Zeitschrift in Deutschland. Moritz' Angriff war der Versuch, den Gegner moralisch zu treffen, Campes Erwiderung der, den Schriftsteller zu psychiatrisieren. Beide Kontrahenten lenken davon ab, dass ihr Konflikt im Grunde ein ökonomischer war.

Bei Moritz heißt es immerhin, er fühle sich »wie einen gedungenen Tagelöhner betrachtet und behandelt«. Aber hatte er sich nicht selbst so angeboten und behandeln lassen? Fast obsessiv wiederholt er, der Verleger habe von ihm etwas »Durchdachtes, Reifes und Vollendetes« verlangt. Doch, siehe da, die »*Messe* stimmte sein Urtheil um«. Aus dem Gelehrten Campe war über Nacht ein profitorientierter Unternehmer geworden. Doch dass er, Moritz, selbst eine Ware hat liefern sollen und nicht ein unverkäufliches Meisterwerk, will er nicht einsehen.

Noch vier Jahre später kommt Moritz in einem Abschnitt seiner *Vorlesungen über den Styl* auf Campe zurück, er flicht die Polemik ein in eine philologische Untersuchung von Eindeutschungen:

> *Honorarium.* Dieser Ausdruck ist von Campe durch *Ehrensold* verdeutscht; allein durch das fremde Wort will man eben aus Achtung und Schonung den Begriff von Lohn oder Sold vermeiden, wenn von Dingen die Rede ist, die sich eigentlich nicht nach der baaren Bezahlung schätzen lassen.
>
> Der Ausdruck zerstört also die ganze Feinheit des Begriffes, den wir mit dem fremden Ausdruck verknüpfen; daß nehmlich durch das Honorarium irgend eine Geistesarbeit mehr nur *geehrt*, als eigentlich *bezahlt* wird; und daß man die Bezahlung in diesem Falle nur als ein Zeichen der Werthschätzung einer solchen Arbeit betrachten will.
>
> Der Ausdruck *Sold*, wobei man sich sogar eine bestimmte Löhnung, und also noch mehr als bloße Bezahlung denkt, ist hier ganz unschicklich, und diese Verdeutschung eines fremden Ausdrucks ist ganz mißrathen.

Er unterstellt, Campe persönlich habe das bisherige feudale Verhältnis zwischen Mäzen und Künstler zu einem vulgären Austausch von Waren und Geld verkommen lassen. Doch hatte der feinsinnige Verleger immerhin, in seinem zweifellos missrathenen Versuch, das Wort »honorarium« einzudeutschen, von der »Ehre« gesprochen, als ob der Künstler, der doch auch seinen Magen zu füllen und seine unehelichen Kinder zu ernähren hat, mit unverbindlicher Ehrbezeigung und ein paar Groschen abgespeist werden solle. Sobald es einen Literaturmarkt und freie Schriftsteller gibt, unterscheiden sich »Honorar«, »Sold« und »Löhnung« in nichts voneinander.

Nicht um die Arbeitsteilung, nicht um die Entfremdung geht es hier, sondern darum, dass sich die alte Abhängigkeit des Künstlers vom Mäzen, vom Hof, von der Kirche, in das freie Verhältnis des Warenproduzenten zum Käufer verwandelt. Dass damit nur ein neues, tieferes Elend angebrochen war, bekam kaum jemand so deutlich zu spüren wie Moritz, der sich, um sein Leben zu fristen, buchstäblich zu Tode schrieb. In seinem letzten Lebensjahr entstanden über ein Dutzend Bücher, neben Aufsatzbänden vor allem Wörterbücher und Ratgeber – sein *Allgemeiner deutscher Briefsteller*, im Todesjahr 1793 erschienen, wurde bis 1832 zehnmal neu aufgelegt –, außerdem wenigstens ein Dutzend Aufsätze. Nebenbei gab er mehrere Bücher und Zeitschriften heraus und übersetzte zwei englische Romane; einer von ihnen, die *Anna St. Ives* des Sozialrevolutionärs Thomas Holcroft, umfasst über 1100 Oktavseiten. Gereicht hat es dennoch nicht.

Was Moritz erfahren hat, sollte sich als beispielhaft für das Erwerbsleben von Künstlern aller Art erweisen, die in der Mehrzahl bis heute nicht anders als Tagelöhner leben. Er reagierte darauf nicht nur in Artikeln und Romanen, sondern auch in der Ästhetik.

Der Streit mit Campe beleuchtet einige Passagen der *Bildenden Nachahmung* neu, insbesondere tritt einer ihrer Begriffe in seine ökonomischen Rechte ein, nämlich der zentrale des Nutzens und der Nützlichkeit. Moritz attackiert die »Gesinnung des Herrn Campe, nach welcher er alle wahren Grundsätze vom Schönen und Edlen, das geisteshebende Studium des Alten, alles was nicht *unmittelbar nützlich*, und vorzüglich ihm selber nützlich ist, gern verdrängen möchte«:

Das ist es, was mich früher oder später mit ihm entzweyen möchte, weil es mich und meine Arbeiten selbst sowohl, als meine Grundsätze trifft, womit die seinigen freylich nicht bestehen können, und die er eben deswegen gern in das Reich der Phantasien verweisen möchte.

Den scharfen Gegensatz zwischen dem Nützlichen und dem Schönen und Edlen hat Moritz schon früher herausgearbeitet, nun begründet er mit ihm einen Konflikt von selbstlosem Schriftsteller und selbstsüchtigem Kapitalisten. Und hier wie da stellt er sich in einen Gegensatz zum Geist seiner Zeit. Nutzen und Nützlichkeit sind hohe Werte der Aufklärung, zu deren hervorragenden Vertretern Campe zählt. Nutzen und Nützlichkeit spielen eine bedeutende Rolle auch bei Moritz' Lehrer Moses Mendelssohn (1729–1786), von dessen Ästhetik er sich schon 1785 in seinem Aufsatz *Versuch einer Vereinigung aller schönen Künste und Wissenschaften unter dem Begriff des* in sich selbst Vollendeten. *An Herrn Moses Mendelssohn* abstoßen wollte.

Aber Nutzen und Nützlichkeit, so viel steht auch fest, sind in der Aufklärung soziale, anthropologische, psychologische Werte – und keine unmittelbar ökonomischen. Wir haben es noch mit einem menschenfreundlichen Utilitarismus zu tun. Mit der Ausbildung des Kapitalismus, insbesondere mit dem Aufkommen eines literarischen Marktes werden diese philanthropischen Ideen unglaubwürdig, und Alessandro Costazza schreibt zu Recht, der Markt habe die Ästhetik der Aufklärer »falsifiziert«. Moritz ist der Erste, der darauf reagiert, mit einer zuvor und danach nicht gekannten Radikalität.

Wer Mendelssohns und Moritz' Ästhetik nebeneinander hält, wird die Arbeit des Lehrers der des Schülers in allem überlegen finden. Mendelssohn ist klar, wo Moritz unklar bleibt, Mendelssohn ist stringent, während Moritz sprunghaft wie ein Wildpferd sein kann, Mendelssohn ist plausibel und noch heute von jedem nachzuvollziehen, Moritz mitunter dunkel-apokalyptisch. Jener verfügt nicht nur über eine moderne Zeichenlehre, die ikonische (»natürliche«) und symbolische (»willkührliche«) Zeichen voneinander zu unterscheiden weiß, wo dieser in seiner durchaus lesenswerten *Deutschen Sprachlehre für die Damen* (1782) noch immer mit sprachmagischen Modellen hantiert. Moritz muss auch hin und wieder die gute Mama Mimesis bemühen, von der sich Mendelssohn längst abgenabelt hat.

Wozu eigentlich Nachahmung? Sie ist bei Moritz mehr durch die Konstruktion seiner Theorie bedingt als durch eine Naturschwärmerei, auch wenn er von dieser nirgends ganz frei ist. In Mendelssohns Sprache dagegen ist das, was die Kunst vermag, immer schon »künstlich«, nämlich sowohl künstlerisch als auch artifiziell. Seine Ästhetik ist konstruktiv; in den *Hauptgrundsätzen der schönen Künste und Wissenschaften* (1757) schreibt er:

> Wir haben nunmehr das allgemeine Mittel gefunden, dadurch man unserer Seele gefallen kann, nemlich die *sinnlich vollkommene Vorstellung*. Und da der Endzweck der schönen Künste ist, zu gefallen; so können wir folgenden Grundsatz als ungezweifelt voraussetzen: Das Wesen der schönen Künste und Wissenschaften besteht in einer *künstlichen sinnlich-vollkommenen* Vorstellung, oder in einer *durch die Kunst vorgestellten sinnlichen Vollkommenheit*.

Auch die später noch häufig gestellte Frage, wie es möglich sei, dass ein höchst unangenehmer Gegenstand der Natur, ins Kunstwerk übersetzt, doch mehr angenehme als unangenehme Empfindungen auslöst, findet sich nirgends so überzeugend wie hier beantwortet. Das Werk an sich, schreibt Mendelssohn, bürge dafür, dass »wir das Urbild nicht selbst vor Augen haben«. Die Kunst ist eine große Abtrennerin und Verschonerin. In den Schlachten, die sie vorstellt, kann der Betrachter nicht verwundet werden. Das sieht bei Moritz, der die Schönheit mit der Zerstörung im Bunde sieht, ganz anders aus.

Wenn der wohldurchdachten Ästhetik von Mendelssohn etwas fehlt, dann ist es allein die tragische Einsicht in die neuesten Produktions- und Marktverhältnisse. Die Tragik fehlt im Werk dieses Mannes, dessen Leben und Sterben tragisch genug war, insgesamt. Er, der sich aus ärmlichen Verhältnissen zum Teilhaber einer Seidenfabrik hochgearbeitet hat, war mit der Wirtschaft der Zeit ebenso vertraut wie mit den Gelehrten und Schriftstellern, die ihm zum Teil spinnefeind waren, nicht aber mit dem kapitalistischen Kulturbetrieb, der sich erst noch ausbilden musste. Moritz' Kritik ist also durchaus ungerecht. An die »vielen Tausende«, welche für die Schönheiten der Kunst »keinen Sinn« haben, hat Mendelssohn gewiss nicht gedacht, für sie hat er nicht geschrieben, für sie musste er nicht schreiben.

Mit dem neuen Produktionsverhältnis, in dem Moritz steht, ändert sich nicht nur die Stellung des Produzenten, also des Künstlers, sondern auch die des Produkts, also des Kunstwerks, grundlegend. Das

Werk verliert als Ware seine eindeutige Adressierung. Hier ist kein Mäzen mehr, dem das Werk zugeeignet wäre, hier gibt es keine Institution mehr, deren Hausphilosophie es sich einzupassen hätte, es gibt nun eine anonyme Masse von möglichen Abnehmern, und das Problem ist, dass sie kaum je groß genug sein kann. Die mögliche Freiheit, die der Markt bieten könnte, ist damit gleich wieder vertan. Denn wenn die Ware einen guten Absatz finden soll, muss sie möglichst vielen gefallen. Mit »Gefallen« ist ganz etwas anderes gemeint als bei Mendelssohn, der sich noch auf Horaz' »*delectare et prodesse*« beziehen kann. Auf dem Markt sind die alten Werte zuschanden geworden; das Gefallen gefällt nicht mehr, die Belehrung belehrt nicht mehr, und der Nutzen ist nutzlos geworden.

Moritz deutet schon auf den ersten Seiten seines *Versuchs* Mendelssohns harmlos gebrauchtes »Gefallen« in ein Gefallen des Pöbels um. Er wendet also einen philosophischen und anthropologischen Begriff in einen sozialen, materialistischen, er führt den menschenfreundlichen Mendelssohn auf den Marktplatz. Und schon hört man die Künstler krakeelen, die Sonderangebote und Sensationen zu offerieren haben, man sieht die feilschenden Käufer und Zwischenhändler, die es nicht nur billiger, sondern auch gefälliger haben wollen. Und ein einsamer Spaziergänger redet dem Maler ins Gewissen, der gerade noch wild entschlossen war, die Hausfrau auf seinem Idyll in eine Schäferin umzuschminken, wenn er damit nur sein Gemälde an den Mann bringt:

> Ist dir an meinem Vergnügen so viel gelegen, daß du dein Werk mit Bewußtsein unvollkommner machen würdest, als

es ist, damit es nur nach meinem vielleicht verdorbnem Geschmak wäre; oder ist dir nicht vielmehr an deinem Werke so viel gelegen, daß du mein Vergnügen zu demselben hinaufzustimmen suchen wirst, damit seine Schönheiten von mir empfunden werden?

Der Künstler antwortet ebenso höflich wie selbstbewusst, keineswegs wolle er jedem gefallen, sondern nur den »Edlen« (die stille Hoffnung darauf, dass Geschmack und Geld Hand in Hand kommen, ist allerdings deutlich zu bemerken). Ihm entgegnet Moritz, auch den Edlen zu gefallen, könne kaum »dein letzter Zweck« sein, denn »warum strebst du gerade den Edelsten zu gefallen?«

> Doch wohl, weil diese sich gewöhnt haben, an dem Vollkommensten das größte Vergnügen zu empfinden? Du beziehst ihr Vergnügen auf dein Werk zurück, dessen Vollkommenheit du dadurch willst bestätiget sehen. Muntre dich immer durch den Gefallen an den Beifall der Edlen zu deinem Werke auf; aber mache ihn selber nicht zu deinem letzten und höchsten Ziele, sonst wirst du ihn am ersten verfehlen. Auch der schönste Beifall will nicht erjagt, sondern nur auf dem Wege mitgenommen sein.

Vergnügen und Vollkommenheit hat schon Mendelssohn zusammengedacht. Doch liegt beim Lehrer, der jeder Askese abhold ist, der Akzent klar auf dem Vergnügen. Es erhöhe das Vergnügen nur, wenn etwas in der Natur unendlich Zusammengesetztes und Verworrenes in die »verständliche Vollkommenheit« des Kunstwerks übersetzt werde. Das befriedige das

Bedürfnis »nach bündigen Vorstellungen«; man fühlt sich an Ernst Machs »Ökonomie des Denkens« oder an die systemtheoretische »Reduzierung der Komplexität« erinnert. Moritz denkt an etwas anderes. Für ihn ist Vollkommenheit nicht Vereinfachung und Verständlichkeit, sondern Geheimnis und Härte, sie ist Abgerundetheit, In-sich-Geschlossenheit, Isolierung. Diese Vollkommenheit steht sowohl mit den Vorbildern der Natur als auch mit den Empfindungen des Betrachters nur mehr in mittelbarer Verbindung. Hier beginnt die Autonomieästhetik.

> Bei der Betrachtung des Schönen aber wälze ich den Zwek aus mir in den Gegenstand selbst zurück: ich betrachte ihn, als etwas, nicht in mir, sondern *in sich selbst Vollendetes*, das also in sich ein Ganzes ausmacht, und mir *um sein selbst willen* Vergnügen gewährt; indem ich dem schönen Gegenstande nicht sowohl eine Beziehung auf mich, als mir vielmehr eine Beziehung auf ihn gebe.

Weil dieser seltsame Gegenstand, das Kunstwerk, sowohl seine Eltern als auch seine Kunden verleugnet, ganz narzisstisch für sich selbst da zu sein scheint, hat er sowohl etwas von einem Warenfetisch als auch etwas Heiliges an sich. Doch der Schein trügt. Die Herrschaft des Tausches verselbständigt die Ware, aber es wäre voreilig, allein daraus bereits die Autonomie der Ware Kunst abzuleiten. Schließlich meint Moritz explizit schlecht verkäufliche oder unverkäufliche Waren, zweck- und wertlose, gewissermaßen aus dem Verkehr gezogene.

Für die sakrale Anmutung des »Gegenstandes« hat man die religiösen Bindungen des quietistisch erzogenen Moritz verantwortlich gemacht. Mit der Autonomie sei auch eine Kunstreligion begründet worden, seine Andacht verrichte er nun vor dem Altar der Kunst. Die häufige Betonung des Kontemplativen, ja Meditativen in Moritz' ästhetischen Schriften, sein Vergleich des Künstlers mit einem Gott, die moralinsaure Absage an allen Egoismus und allen Rausch, sein Wunsch, das Ich verlöre sich in der Gattung oder in der Natur, mögen dafür einstehen. Aber nüchtern betrachtet muss die In-sich-Geschlossenheit mit allen anderen Instrumentalisierungen auch die religiöse abweisen. Religiöse Kunst ist *per definitionem* nicht »in sich selbst vollendet«, sie wurzelt im Glauben, sie wirkt erbaulich, ihr eignet nichts Zerstörerisches. Und Verehrung ohne Grund ist nicht religiös, sondern bloß absurd; womit nicht bestritten sein soll, dass des Öfteren Absurdität einzieht, wo Gott ausgezogen ist.

Moritz gibt bald einen Hinweis darauf, dass sich sein ästhetischer Gedanke nicht aus einem religiösen, sondern aus einem sozialen entwickelt hat. 1786, ein Jahr nach seiner Kritik an Mendelssohn, mithin drei Jahre vor seinem Streit mit Campe, skizziert er im Abschnitt über »das Edelste in der Natur« seiner *Denkwürdigkeiten, aufgezeichnet zur Beförderung des Edlen und Schönen* eine Klassengesellschaft, die in einen »gesitteten Theil« und einen arbeitenden Teil zerfällt. In ihr ahnen diejenigen, die im »Schweiß ihres Angesichts die Erde bauen, damit es Rechtsgelehrte, Staatsmänner, Priester, Künstler, Dichter und Geschichtsschreiber« gibt, oft nicht einmal, für wen sie sich krummlegen. Moritz reiht sich und seinesgleichen also unter die Unproduktiven und Ausbeuter, doch verhehlt er sich nicht, dass ihn das selbst nicht länger vor Ausbeutung bewahrt.

> Aber auch selbst in den gesitteten Ständen betrachtet immer ein Theil den andern mehr als bloß brauchbare und nützliche Wesen – so denkt man sich immer einen Theil von Menschen, als ob er bloß um des andern willen da wäre – dieß geht ins Unendliche fort, und warum denn nun zulezt alle da sind, bleibt unausgemacht. –
>
> Diese falsche Vorstellungsart hat fast in alle menschlichen Dinge eine schiefe Richtung gebracht. – Die herrschende Idee des *Nützlichen* hat nach und nach das Edle und Schöne verdrängt – man betrachtet selbst die große erhabne Natur nur noch mit kameralistischen Augen, und findet ihren Anblick nur interessant, in so fern man den Ertrag ihrer Produkte überrechnet –

Die gesittete und ausbeuterische Klasse wird im Kapitalismus auseinandergetrieben. Ein Ausbeuter wird zum Werkzeug des anderen, und bald gibt es keine Gesittung mehr, nur noch Gewerbe, keine Ausbeuter mehr, nur noch Ausgebeutete. Moritz verkündet angesichts dieser Entwicklung weder eine gewerkschaftliche noch eine christliche Losung. Er beantwortet die Frage, »warum denn nun zulezt alle da sind«, mit der in der Ästhetik geprägten Formel: um ihrer selbst willen. Zwar ist der Mensch Kreatur, aber ohne weitere Verpflichtungen seinem Schöpfer oder seinen Mitgeschöpfen gegenüber. »Der Mensch muß es wieder empfinden lernen, daß er um sein selbst willen da ist«, er ist »ein in sich selbst vollendetes Ganzes«. Welch heftiger Gegensatz zum Mängelwesen Mensch, das Herder zur selben Zeit entwirft, welch eine Grandiositätsvorstellung bei einem Lumpenintellektuellen! Die Isolierung, die Arbeitsteilung und Konkurrenzkampf mit sich gebracht haben, wird hier feierlich bestätigt. Es ist eine Flucht nach vorn, egoistischer als der Kapitalismus.

Indem nun aber die In-sich-Geschlossenheit auch gesellschaftlich gewendet ist, hat sich in die ästhetische Autonomie doch ein heteronomer Zug geschlichen. Moritz räsoniert, der menschliche Geist könne »durch die Betrachtung dieser Kunstwerke veredelt und verfeinert werden«. Wenn sowohl Kunst als auch Mensch allein für sich da sein sollen, können die Künste dem gesellschaftlichen Autonomiestreben als Vorbild dienen; so wird denn auch Schiller seiner Klasse den Eigensinn der Kunst schmackhaft machen. Mit dieser pädagogischen Wende ist Moritz zu Mendelssohn zurückgekehrt. Damit ist das Kunstwerk, das von Moritz als »in sich nützlich, auswendig nutzlos« (Alo Allkemper) gefasst worden ist, einem politischen Zweck unterstellt worden. Genau diese Indienstnahme widerruft Moritz zwei Jahre später in seiner komplexesten Schrift zum Thema, der *Bildenden Nachahmung des Schönen*. In ihr verliert die Kunst ihre Vorbildfunktion, sie wird im Gegenteil zu einer diabolischen Macht.

Diabolisch ist allein schon ihre fortschreitende Isolierung. Von den Geschäften der Welt soll sie isoliert sein, ja von der Welt überhaupt. Aus der weltfremden Kunst wird unter der Hand eine weltfeindliche, aus der Fremden eine Gegnerin. Aber weshalb sollte sie, wenn sie Natur und Welt feindlich ist, diese »nachahmen«?

Nun, allzu wörtlich ist das »Nachahmen« auch nicht zu nehmen, es ist ja ein »bildendes« Nachahmen, also ein konstruktives. Nicht ein Kopieren und Abkupfern ist damit gemeint, sondern ein »Nachstreben«, ein Erfassen der Struktur. Das Werk sei hier nicht Bild, sondern Diagramm der Welt, umschreibt Tzvetan Todorov den Gedanken. Zwar ganz Oberfläche, lässt es doch sein »inres Wesen auf seiner Oberfläche durchschimmern«, wie es in der *Signatur des Schönen* heißt. Dieses innere Wesen meint nur mehr sehr abstrakt eine Struktur der Natur, die ja kontingent sein muss, verstreut und ins Ganze verwachsen. Das Werk ist, verglichen mit der nackten Wirklichkeit, wenn überhaupt noch eine Nachahmung, dann doch eine innerlich bestimmte, notwendige und dadurch in sich geschlossene, es ist eine »Zweckmäßigkeit ohne Zweck«, wie Kant sagen wird.

Aber was ahmt hier was nach, wer strebt hier wem nach? Der Genitiv des Titels, die »Nachahmung des Schönen«, fasst das ungenau. Ahmt das Schöne das Große-Ganze der Natur nach, das sich »nur dem Auge Gottes darstellt«, und gibt es in verjüngtem Maßstab als »eingebildetes Ganzes« wieder? Das wäre lediglich ein weitergedachter Mendelssohn. Oder ahmt der Künstler die Schönheit nach, die nichts Anderes ist als das, was nicht nützlich ist, so aus allem herausfällt und sich abkapselt, ein wirklich Ganzes? Das wäre ein nihilistisch gedachter Moritz.

Die erste Auslegung stellt sich das Bilden als ein Ab- oder besser Einbilden, die zweite als ein Bauen vor. Beide Auslegungen sind möglich, auf beide wird Moritz zurückkommen, allerdings gewinnt die zweite gegen

Ende der ästhetischen Hauptschrift die Oberhand. Moritz wendet hier sein Augenmerk vom Werk ab, hin auf den Autor oder Produzenten. Damit treten das Machen und die Machart in den Vordergrund. Hier wird gebaut. Der Künstler baut das Werk und gibt ihm Selbständigkeit, durch die Bestimmtheit und Klarheit, die innere Zweckmäßigkeit seiner Form sondert er es von der Welt ab und scheidet in diesem Prozess alles Zufällige, Unwesentliche, Weltliche aus. Das Werk wird zu einer selbstreferenziellen, isolierten, autonomen Einheit. Und zugleich wird aus dem bloß Nicht-Nützlichen das Unnütze, Unnötige, ja Störende.

Dieser Prozess der Autonomisierung und der Abspaltung von der Welt ist keineswegs ein beschaulicher, sondern im Gegenteil ein heftiger und zerstörerischer. Zu seiner Beschreibung dient der Begriff der »Thatkraft«. Das Modewort aus dem Umkreis der Geniebewegung ist eine Eindeutschung von »Energie«. »Thatkraft« meint ein »Übermaß von Kräften«, keineswegs den Willen allein, ohnehin kaum bewusste Tätigkeit, aber nicht nur einen Trieb, sondern auch ein Sinnesorgan, denn sie schließt Denk-, Bildungs- und Empfindungskraft in sich und beinhaltet also aktive wie passive, konstruktive wie rezeptive Elemente. Und sie verbindet Konstruktion mit Destruktion, wie ja – heißt es im Rom-Buch – schon die »Alten Zerstörung und Bildung immer nahe aneinandergrenzend dachten«. Das wird bei Moritz nicht mit irgendeinem Dionysischen, dem Wirbel des alten Chaos, erklärt, sondern ganz konkret damit, dass eine Kraft, die das Vollkommene anstrebt, alles zerschlagen will, das sich ihr entgegenstellt.

> [Der] Mensch verwandelt nicht nur Thier und Pflanze, durch Werden, Wachsen und Genuß in sein innres Wesen; sondern faßt zugleich alles, was seiner Organisation sich unterordnet, durch die unter allen am hellsten geschliffene, *spiegelnde* Oberfläche seines Wesens, in den Umfang seines Daseyns auf, und stellt es, wenn sein Organ sich bildend in sich selbst vollendet, verschönert außer sich wieder dar.
>
> Wo nicht, so muß er das, was um ihn her ist, durch *Zerstöhrung* in den Umfang seines wirklichen Daseyns ziehn, und verheerend um sich greifen, so weit er kann; da einmal die reine unschuldige Beschauung seinen Durst nach ausgedehntem wirklichen Daseyn nicht ersetzen kann.

Kunstproduktion erscheint als Teil eines allgemeinen Ausrupfens, Erlegens, Zubereitens, Verschlingens und Ausscheidens, als blutiger Stoffwechsel. Die destruktive Kraft, die hier entfesselt ist, hat ihren Antrieb in einem »Durst nach Daseyn«. Dieser Daseinsdurst steht in einem eklatanten Widerspruch zum abgeschlossenen und abgetrennten Werk. Das Werk wird also nicht von einem geborenen Abrunder und gemütlichen Töpfer geschaffen, sondern von einem wilden Jäger, dem der Sinn im Grunde gar nicht nach Werken steht. Die »Thatkraft« hat nämlich zwei unheilvolle, kunst- und werkfeindliche Eigenschaften: Erstens will sie sich permanent ausdehnen, zweitens will sie nicht bloß nachahmen oder abspiegeln, sondern »dies umgebende Ganze *sein*«.

Wenn nun Kunst irgendwelche Wünsche versagen muss, dann gerade diese, und eine autonome ist hier noch wesentlich unbarmherziger als alle andern. Sie beruht ja gerade auf den beiden Grundannahmen, dass das Kunstwerk etwas von einer Monade habe, und dass es keinem Zweck der Welt diene und ihm nichts Weltliches eigne – davon abgesehen, dass es das Ganze ist, das die Welt jedenfalls für die Augen eines Menschen nie wird sein können. So erklärt sich, dass die Schönheit des Werks der Zerstörung ihr »Maaß« setzt. Der blindwütige Expansionswille wird von den Werkgrenzen eingefriedet, und was *sein* will, darf nur *scheinen*.

> Auf diese Weise schreibt die Schönheit der Zerstöhrung selbst ihr edles Maaß vor – wo nicht, so regen die Zähne des Drachen sich in der lockern Erde – die Saat des Kadmus keimt in geharnischten Männern auf, die ihre Schwerdter gegen einander kehren, und eher vom Streit nicht ruhn, bis ihre Leiber wieder den Boden küssen. –

Cadmus tötete den Drachen, brach ihm die Zähne aus und pflanzte sie in die Erde. Aus ihnen wuchsen Krieger, die sich gegenseitig totschlugen. Nur fünf überlebten und errichteten Theben. In seiner *Götterlehre* (1791) hat Moritz die Geschichte erklärt: Die Menschen wüteten, »im ewigen Zwiste mit sich selbst«, in ihren eigenen Eingeweiden. Der Zwist mit sich selbst ist der Widerspruch im Künstler, dem nicht nach Kunst, sondern nach Leben ist, und der sich verwirklichen will, aber sich doch nur entwirklichen darf.

> Und so wie jedes Schöne in der Erscheinung und in dem Maasse schön ist, als es nicht nützlich zu seyn braucht, so ist es auch nur in dem Maasse schön, als es, wenn es wirklich wäre, schädlich seyn würde.

Kunst entschärft das Schädliche. Schädlich wäre es allerdings nur für Schwache, fügt er fast nietzscheanisch hinzu. Aber die größere Stärke gehört doch wohl dazu, seinen Expansions- und Verwirklichungsdrang zu zähmen und sich als Welteroberer am Ende mit einem Stück weltferner Kunst zufrieden zu geben. Der Grund, weshalb sich der stürmende und drängende Künstler so beruhigen lässt, liegt wohl weniger in seiner Zivilisiertheit als darin, dass er statt der Welt, die er als ganze ohnehin nicht haben kann (göttliches Privileg), immerhin doch ein Ganzes, eine kleine Welt, ein *Mundunculum*, wie Dieter Roth titelte, erhält, das Werk. Trostpreis für den Berserker. Dieses Abfinden mit dem Werk wird beschrieben als »Liebe«, als Opfer. Der Künstler sieht »seinen Genuß in Anschauen« verwandelt, wird darüber aber auch sein schäbiges, kleines Ich los.

So geht, in groben Zügen, die Ästhetik von Karl Philipp Moritz. Es ist, gerade angesichts der unheimlich-zerstörerischen Passagen am Ende der *Bildenden Nachahmung*, eine der seltsamsten Ästhetiken, die es gibt; der Künstler als Eroberer und Verwüster der Welt, der Künstler als Errichter des absurden Baus. Ohne Zweifel lassen sich viele moderne Kunstwerke, vor allem strenge, asketische und abstrakte Arbeiten, mit dieser Lehre sehr gut vereinbaren. Sie weist auch auf den Abgrund, über dem all dies errichtet ist.

Aber die Frage muss erlaubt sein: Ist damit eine Autonomie als neues Theben errichtet? Kann es eine Vollendung in sich selbst, kann es souveräne Kunst geben? Und die Antwort lautet klar: Nein. Den Grund dafür hat Moritz, wenn auch beiläufig, bereits im *Versuch* genannt, als er schrieb, dass das »Schöne unsrer bedarf, um erkannt zu werden«. Mit dem Betrachter hat das Werk seine Souveränität und Autonomie bereits verloren, denn ohne den Betrachter kann es gar nicht bestehen. Es muss also doch in mir (und dir) vollendet werden. Es ist also doch nicht in sich selbst vollendet. Es muss und kann begriffen, wenn auch nicht verstanden werden. Die vielen Hinweise Moritz' auf die innere Formbestimmtheit des Werkes zeigen an, dass es nicht ein undeutliches, unerklärliches Phänomen, sondern eine kristalline, aufs Wesentliche gestutzte Ordnung, eine Struktur ist. Die Vermutung liegt also nahe, dass es zeichenhaft organisiert ist. Jedenfalls wird es von einem Betrachter, der mit einem Fuß doch immer in der wirklichen Welt steht, gelesen und zu Ende gedacht. Dieser Betrachter wird es nicht als einen Wink des Himmels, sondern als eine Botschaft nehmen, die sich von allen anderen Botschaften, die er erhält, durch ihre reizende Unverständlichkeit unterscheidet.

Auch das Opfer des Künstlers, das Moritz in der *Bildenden Nachahmung* und eindringlicher noch in seiner *Großen Loge* (erschienen im Todesjahr, 1793) beschreibt, schmälert die Autonomie des Werks. Der Künstler, der die Welt umfassen will, aber doch nur eine kleine Welt von ihr absondern kann, zeugt im Werk von diesem tragischen Trieb. Es mag von nichts sprechen als von sich selbst und schweigt doch unüberhörbar von der Welt, die dem Künstler verwehrt ist.

So wird das Kunstwerk in den allgemeinen Kreislauf, in die ewige Kommunikation der Welt eingespeist, welcher der unglückliche *content provider* Moritz so gern entflohen wäre. Das Kunstwerk wird produziert und konsumiert; es wird gemalt und es wird betrachtet; es wird geschrieben und es wird gelesen. Mehr noch, wäre es wirklich die nutzlose, unnötige Ware, als die Moritz es begreift, wüssten wir gar nichts vom Werk. Es ist nur so lange da, wie es zirkuliert. Es bedarf unser, um erkannt zu werden. Und doch unterscheidet es sich von anderen zirkulierenden Waren und Zeichen durch seine Vieldeutigkeit oder Undeutbarkeit. Wenn es ein Vergnügen bereitet, dann vielleicht gerade durch diese Vieldeutigkeit und Undeutbarkeit, ja durch seine Dysfunktionalität. In dieser Dysfunktionalität lässt sich der Abstand, den die Kunst zur Welt einnimmt, die ästhetische Differenz, erkennen. Aber der Abstand der Kunst von der Welt sollte nicht zur Annahme verführen, sie sei aus der Welt.

Dass das Werk in der Welt ist, zeigt sich auch daran, dass über es geredet wird. Gerade in diesem Reden erweist sich seine kommunikative Unverfügbarkeit. Denn nichts, was über das Werk gesagt wird, wird ihm gerecht. Mehr noch, die Werke, über die viel gesagt werden kann, sind weniger schön als die, über die nichts zu sagen übrig bleibt. Wenige Monate nach Abschluss der *Bildenden Nachahmung* geht Moritz in *Die Signatur des Schönen* (1788) der Unverständlichkeit und Unbeschreiblichkeit des Werks nach. Er beginnt mit Philomele, deren Vergewaltiger ihr die Zunge ausgerissen hat und die nun die Erzählung ihrer Leiden in ein Tuch webt, das von ihrer Schwester gedeutet werden kann. Eine Stumme kann von ihrem Schicksal sprechen. Man denkt unwillkürlich an Moritz als den Verfasser der Romane *Anton Reiser* und *Andreas Hartknopf*, die die Tücher sein mögen, in die er sein Leben gewirkt hat.

Doch von solchen erzählerischen, berichtenden oder gar allegorischen Werken möchte er gar nicht handeln, denn das Kunstwerk im strengen Sinn spricht nicht vom Leiden, sondern nur von sich. Selbst den Homer liest man nicht der Erzählung, sondern seiner Sprache wegen. Und diese Sprache ist anders nicht zu würdigen als indem man sie liest und vorliest, Erklärungen können ihr weder gerecht werden noch gar sie ersetzen, denn sie hören da auf, »wo das ächte Kunstwerk beginnt«:

> Denn darinn besteht ja eben das Wesen des Schönen, daß ein Theil immer durch den andern und das Ganze durch sich selber, redend und bedeutend wird – daß es sich selbst erklärt – sich durch sich selbst beschreibt – und also außer dem bloß andeutenden Fingerzeige auf den Inhalt, keiner weitern Erklärung und Beschreibung mehr bedarf.

Die Signatur des Schönen ist, dass es sich aller Signatur entzieht. Ganz unvermutet zeigt sich hier eine Nähe zu Kants Ästhetik. – Unvermutet deshalb, da sich beider Systeme fundamental voneinander unterscheiden. Kant ist gar nicht an der Autonomie des Werks interessiert, ja es spielt für ihn schlicht keine Rolle (womit, von Schiller bis Gadamer, manch einer unzufrieden war). Autonom ist allerdings das Geschmacksurteil, denn es wird gefällt, ohne »unter den Urteilen anderer herumzutappen und sich von ihrem Wohlgefallen oder Mißfallen an demselben Gegenstande vorher zu belehren« (*Kritik der Urteilskraft*, 1790, § 32).

Das Geschmacksurteil bleibt also völlig subjektiv, und Künstler sind für Kant wie Köche – bei dem einen schmeckt es, bei dem andern nicht. Doch trotz dieser

Subjektivität beansprucht das Geschmacksurteil eine »Allgemeinheit«, d.h. allgemeine Gültigkeit, und Notwendigkeit. Es will »publik« werden, ohne sich in das Publikum einzureihen. Was Batteux, was Lessing sagt, was die *FAZ* schreibt, ist demjenigen, der mit sich selbst ehrlich ist, ganz gleichgültig. Er mag mitunter das hochberühmte Kunstwerk nicht, erwärmt sich dagegen für das von allen verlachte. Und nur die Zeit kann ihn umstimmen, niemals die andern. Kurz, er fällt ein synthetisches Urteil *a priori*.

Darin liegt nicht nur ein Widerspruch in sich, sondern auch ein Moment der Unvermittelbarkeit. Nicht aus einer Laune, nicht aus einem Interesse an der Sache, sondern allein aus einem Nachdenken heraus gelange ich zu einem dezidierten ästhetischen Urteil, das selbst von demjenigen, der ähnlicher Meinung ist, nicht gestützt werden kann, geschweige denn von den vielen, die aus ihren vielleicht guten Gründen zu einem ganz andern gekommen sind. Hier streiten nicht Interessen miteinander, sondern Monaden.

An diesem Punkt der völligen Isolierung – dem Punkt der »Heautonomie« des Subjekts – begegnen sich Kant und Moritz. Allerdings zieht dieser aus der Privatheit der Urteile lediglich den Schluss, dass sie nicht viel wert sein können. Kant und Moritz sind sich einig darüber, dass ästhetische Urteile und ästhetische Gegenstände nichts miteinander zu tun haben, doch der eine bleibt beim Urteil, der andere beim Gegenstand. Im Punkte der Unvermitteltheit berühren sie sich kurz, um sich gleich wieder voneinander zu entfernen. Denn Kant hebt die Unvermitteltheit damit wieder auf, dass er den *sensus communis* beizieht. Er soll der bloßen Beliebigkeit des ästhetischen Urteils entgegenwirken, indem er es an die Kandare der »gesamten Menschenvernunft« nimmt. Das Subjekt soll »sich über die subjektiven Privatbedingungen des Urteils, wozwischen so viele andere wie eingeklammert sind«, hinwegsetzen (§ 40). Es versucht, sich zu versachlichen, indem es »von Reiz und Rührung« abstrahiert und nur noch die formalen Eigenschaften des Urteils übrig lässt. So baut Kant am Ende doch auf die »Geschicklichkeit der Menschen, sich ihre Gedanken mitzuteilen«, und wir sind wir wieder im Kreislauf.

Moritz' Betrachter bleibt in die Privatbedingungen seines Urteils eingeklammert, aber nicht, weil er sich nicht genug bemühte oder gar, weil er nicht über sie hinauswachsen wollte. Ganz im Gegenteil. Gerade weil er sich seiner lästigen »Ichheit« entschlagen, gerade weil er sich am Gegenstand verlieren will, muss sein Urteil zufällig, müßig, leer bleiben. Er kann das Werk nicht nutzen, selbst für ein Gespräch nicht. Der Grund dafür, dass das Schöne nicht mitzuteilen ist, liegt in der Härte, der Unverfügbarkeit des nutzlosen Gegenstandes, der sich der Nützlichkeit aller Kommunikation sperrt. Zwar kann der Gegenstand nicht autonom werden, da er ja zu seiner Vollendung des Betrachters bedarf. Doch die Sprache des Betrachters kann ihn nicht fassen. Die Signatur des Schönen erweist sich an den Schwierigkeiten, die es der Signifikation auferlegt.

Das mag mystisch erscheinen, lässt aber der Empfindelei und Deutelei, dem Raunen und Tasten keinen Raum. Moritz entwirft hier durchaus eine Ästhetik *in more geometrico*. Das tritt besonders klar hervor, wenn sprachliche Kunstwerke behandelt werden.

Man bedenke, dass Sprache sich nicht in der Kommunikation erschöpft. In der *Signatur des Schönen* hebt Moritz die Oberflächlichkeit aller schönen Dinge hervor, auf der das »innre Wesen« immer nur durchschimmert. Ist die Oberfläche ein Text, dann wird auch er grafisch – schön, aber nicht länger bedeutend oder referierend. Und das gilt auch für die Ästhetik selbst. Es gibt keine Beschreibung des Schönen, es sei denn, die Beschreibung hörte auf zu beschreiben, stünde für sich und würde einem grafischen Gebilde ähnlich, einem Tuch der Philomele.

Und so müßen nun auch bei der Beschreibung des Schönen durch Linien, diese Linien selbst, zusammengenommen, das Schöne seyn, welches nie anders als durch sich selbst bezeichnet werden kann; weil es eben da erst seinen Anfang nimmt, wo die Sache mit ihrer Bezeichnung eins wird.

Moritz erklärt – für einen Schriftsteller bemerkenswert –, alles Geschriebene sei dem Gemalten und Gebildeten unterlegen, weil diese mit einem Blick, jenes nur mühsam Stück für Stück erfasst werden. Das Diskursive ist linear, zweckmäßig, rational, unschön. Das Schöne dagegen ist rund und selbstbezüglich. Die umständlich sukzessive Schrift muss daher der plötzlichen Präsenz des Bildes unterlegen sein. Diese Hierarchie überwindet er im nächsten Schritt, indem er erklärt, von jeder Kunstbetrachtung, gleich an welchem Medium sie gemacht wird, bleibe ohnehin nur eine »Erinnerungsspur«. Wir wissen nach einiger Zeit oft nicht mehr, wo wir einem Bild begegnet sind, auf einem Gemälde, auf dem Theater oder in einem Buch. Die Erinnerung hebt folglich die Unterteilung nach Medien auf, sie lässt nur den Empfindungsrest.

Es lohnt sich, hier innezuhalten. In der Gegenüberstellung von Schreiben und Malen sind zwei geometrische Grundfiguren zu erkennen, die bei Moritz immer wieder auftreten: die Gerade und der Kreis. Die Gerade steht für die kontingente Reihung, das Diskursive und auch Nützliche, der Kreis für das Vollkommene, Notwendige, Ganze, aber auch Unnütze und Schöne. Moritz folgt der Tendenz, alles zum Kreis zu runden, so etwa die wertenden Begriffe zu Beginn der *Bildenden Nachahmung*; man erinnere sich, dass dort »schön«, »edel«, »gut«, »schlecht«, »unedel« und »unnütz« in Kreisform angeordnet sind, sodass sich das Schöne mit dem Unnützen berühren kann. »Die Begriffe müssen sich immer gerade da wieder entgegen kommen, wo sie am weitesten von einander abweichen, und sich zu verlassen scheinen.«

In seiner der *Großen Loge* angegliederten Abhandlung über die »metaphysische Schönheitslinie« hat er diese Geometrie am deutlichsten ausgebildet. Er unterscheidet zwei Linien, eine gerade Wahrheitslinie und eine krumme Schönheitslinie. Die Begriffe sind der *Analysis of Beauty* (1753) von William Hogarth entlehnt, der auf Moritz großen Einfluss ausgeübt hat. Wie die innere Zweckmäßigkeit, die Klarheit und Deutlichkeit des Werks finden sich auch die aufeinander bezogenen Figuren der Linie und des Kreises bzw. der Kugel bereits bei ihm. »Forms of most grace have least of the straight line in them.« Bei Moritz erscheinen diese Bestimmungen metaphorisch und philosophisch überhöht, und schon auf einer der ersten Seiten des *Hartknopf*-Romans (1786) gibt die gerade Linie das »Bild des Zweckmäßigen in unseren Handlungen« ab.

In der *Loge* werden die beiden Linien, *straight* und *waving*, gerade und gekrümmt, in das große ästhetische System, die Konfrontation von äußerer und innerer Zweckmäßigkeit, eingetragen. Die gerade Linie steht demnach für Entwicklung, Entelechie, Syntagma, Stück für Stück für Stück, die krumme Linie ist eine Wendung hin zum Paradigma, zum Ganzen, Abgeschlossenen und Schönen. Beide sind jeweils Abschnitte, aber die gerade Linie, also die Strecke, verläuft wie die ins Unendliche führende Gerade und ließe sich endlos weiterziehen, während die krumme Linie, also der Kreisbogen oder (auf eine Kugel bezogen) der Bogen eines Breitenkreises, Teil eines endlichen Ganzen ist.

> Wenn wir uns die Natur als einen großen Zirckel denken, deßen Theile insgesammt eine Neigung gegen sich selbst haben, um miteinander ein Ganzes auszumachen, so sind uns wegen der unermeßlichen Größe des Umkreises die Krümmungen fast unmerkbar, und wir glauben da allenthalben nichts als grade Linien, oder bloß *abzweckende Mittel* zu sehen, wo doch eine immerwährende Neigung zum Zweck ist, die uns entwischt, weil wir nicht einmal einen so großen Theil des Zirkels überschauen können, der uns eine wirkliche Krümmung darstellte; wir müßen diese Krümmungen nur ahnden, nur errathen.

In Wahrheit sind also auch die geraden Linien krumm, auch sie sind Kreisbögen, aber der Kreis ist so riesengroß, dass ihre Krümmung mit bloßem Auge nicht mehr auszumachen ist. Das Problem aller Naturbetrachtung, damit auch aller Nachahmung, ist, dass sie das Ganze nicht überblicken und ihren Ausschnitten keine Beziehung auf das Ganze geben kann. Dieses Ganze lenkt immer nur in sich selbst zurück. Wer ihm gerecht werden will, muss alle Modelle, die er von ihm gibt, selbstbezüglich anlegen. Er muss also, um eines größeren Zusammenhangs willen, das Bild oder das Werk aus seinem natürlichen Zusammenhang reißen. Deshalb ähnelt das Kunstwerk, vor die ganze Welt gehalten, einem »Schattenriß«. Das Ganze ist nur im Negativ zu modellieren. Der Schattenriss ist ein neuer Kreis, der auf den unfasslich großen, auf die Weltkugel, aufgelegt wird. Er durchschneidet die vielen gerade scheinenden Linien, die sich zu ihm wie parallel verlaufende Sekanten verhalten. Zwar ist dieser Schattenriss, dieser Ausschnitt nur etwas »Anscheinendes und Negatives«, hat aber doch seine tiefere Begründung darin, dass er den in der Natur gerade scheinenden Linien ihre eigentliche Krümmung zurückgibt. Täuschung hebt Täuschung auf. Das Kleine erinnert an das Große.

Die beiden Aspekte des künstlerischen Prozesses – Nachbildung des Großen-Ganzen und destruktive Konstruktion – fügt Moritz hier auf neue Weise. Diesmal liegt der Akzent auf der Nachbildung, aber es gelingt ihm, sowohl die negativen als auch die konstruktiven Elemente einzubeziehen. In *Die metaphysische Schönheitslinie* kann man den Ansatz zu einer kühleren, hochreflektierten Neufassung der Moritz'schen Ästhetik finden.

Je mehr es in sich gekrümmt ist, desto runder und schöner wird das Werk. Das heißt, dass allein das

Kunstwerk, welches die Zwecklinien der Welt durchschneidet, die Welt spiegelt. Damit bezieht Moritz in einem ungewöhnlichen Bild die In-sich-Vollendetheit des Werks noch einmal auf die einzig für Gott erkennbare Vollendetheit der Welt.

> Das in sich vollendete, was in der Natur durch die Succession bewerkstelligt wird, muß hier auf eine anscheinende Art durch die *Zusammenstellung* hervorgebracht werden.

Täuschung und Schein sind legitime Mittel der Kunst, jedoch beziehen sie sich, anders als bei Mendelssohn, im Negativ, als Schattenriss, auf die Totalität der Natur oder der Welt. In der Gegenüberstellung von Sukzession und Zusammenstellung wiederholt sich die von Dichtung und Malerei. Die erste breitet ihre Stoffe nach und nach aus, die zweite entdeckt sie mit einem Mal. Zugleich besitzt die krumme Linie eine große Nähe zum selbstbezüglichen oder, wie Tzvetan Todorov sagt, »intransitiven« Zeichen. Das künstlerische Zeichen verweist zuerst auf sich selbst, das nicht-künstlerische auf anderes. Moritz hat deshalb die Allegorie unter die nicht-künstlerischen Zeichen gereiht, da sie das Werk von außer ihm liegenden Begriffen und Vorstellungen abhängig macht. (Dass er den *Hartknopf*-Roman selbst »eine Allegorie« genannt hat, belegt nebenbei, dass er seine Romane keineswegs für die Art von Kunstwerken gehalten hat, auf welche er in seiner Ästhetik abzielt.)

Moritz' autonome Kunst ist autonom nur gegenüber den vordergründigen Zwecken der Kommunikation. Als zwecklose ist sie zugleich immer bezogen auf ein

Großes-Ganzes, das sie paradigmatisch wiedergibt. Wenn in der *Signatur des Schönen* von den »schwachen Lauten der Sprache« die Rede ist, die »mühsam ihren Kreislauf beschreiben, und immer da in sich selbst zurückfallen, wo sie ihren höchsten Gegenstand zu erreichen hofften«, ist damit also zumindest ein Anlauf auf das Schöne beschrieben. Die auf sich selbst zurückfallenden Laute, die für sich stehenden Zeichen, verhalten sich zugleich wie das Schönste, was der Mensch erreichen kann, das Kunstwerk.

Selbst dessen Gelingen erscheint Moritz als eine Negation. Negation der Zwecke, Negation der Kommunikation, Negation des Genusses und Negation des Ich. Doch in seiner absoluten Negativität zeugt es von einem Positivum, der Totalität. Und für den, der an die Totalität nicht recht glauben mag, bürgt es zumindest für eine Unterbrechung, für eine Pause und heilsame Störung. Was Moritz als Schönheit vor Augen stand, ist das, was aus der kapitalistischen Kommunikationsmühle herausfällt, das Unding.

Stefan Ripplinger